미국 사람들이 평생 써먹는
인생 영어

미국 사람들이 평생 써먹는

인생 영어

초판 1쇄 발행 2024년 6월 5일
초판 1쇄 인쇄 2024년 6월 14일

지은이 T. John Kim
발행인 임충배
홍보/마케팅 양경자
편집 김인숙, 왕혜영
디자인 정은진
펴낸곳 도서출판 삼육오(PUB.365)
제작 (주)피앤엠123

출판신고 2014년 4월 3일
등록번호 제406-2014-000035호

경기도 파주시 산남로 183-25
TEL 031-946-3196 / FAX 031-946-3171
홈페이지 www.pub365.co.kr

ISBN 979-11-92431-62-8 13740

미국 사람들이 평생 써먹는

인생 영어

저자 T. John Kim

PUB 3 유오

프롤로그

“예스, 에브리 쿠키 오일! (yes, every cookie, oil!)”

미국에 온 지 5년쯤 되었을 때였던 것 같습니다. ESL Instructor로 학생들을 가르치면서 박사 과정 공부를 할 때쯤 동네 한인마트에서 들은 대화의 일부분이에요. 그 상황은 미국인 손님이 한국에서 만든 쿠키를 든 채 한국인 가게 주인아주머니에게 Does this cookie have oils in it? “이 쿠키에 기름이 들어가 있나요?”라고 물어보던 상황이었어요. 주인아주머니는 “응? Yes, every cookie, oil”이라고 시원하고 명쾌하게 대답하셨어요. 이렇게 이 대화의 참여자들은 서로 명쾌하게 의사를 전달하였고, 효율적으로 소통하였으며, 그 날의 목적인 쿠키를 사고 파는 일을 성공적으로 완수하였습니다.

이 상황을 본 후, 주차장에 세워져 있는 제 자동차로 돌아와 안전벨트를 매면서 문득 저에게 “아하 모멘트”가 왔습니다. 뻔한 클리셰 같지만 “역시 영어도 사람들이 편하게 사용하는 도구로서의 언어일 뿐이구나”하는 깨달음이 그것이었습니다. 어렸을 때부터 너무나도 어렵게만 느껴졌던 “영어”라는 것이 정말 다른 게 아니라, 사람들 사이에 명확하고 심플하게 의사를 전달하고 어떤 일을 완수하는 데 쓰이는 하나의 “도구”라는 깨달음이었어요. 어려서부터 “언어는 도구다”라는 말을 책으로는 접했지만, 이렇게 일상에서 사용되는 예를 직접 두 눈으로 보고 신선한 충격을 받았습니다.

2012년에 독학으로 미국에 유학을 와서 좌충우돌 대학원 생활, ESL Instructor 생활, 박사 학위를 수여받았던 과정, 두 아이를 낳아 기르고, 현재 대학교에서 티칭을 하게 될 때까지 실생활에서 접했던 영어 표현들은 아주 직관적이고 심플했고 명쾌했습니다. 실은 저도 한국에서 중학교 1학년 때 처음 기초 영문법을 배우면서 “영어의 어순은 한국어와 반대”라는 말을 들으며 공부했었지요. 그때는 “와 미국 사람들은 정말 대단하다, 어떻게 말을 거꾸로 하는 거지?”와 같이 생각했었어요. 더 나아가 영어를 잘 하는 한국 사람들을 보면 “와, 저 한국 사람은 어떻게 한국어와 반대 구조인 영어를 저렇게 빨리 생각하고 말할 수 있을까?”하고 감탄하기도 했었어요.

아까 쿠키를 사는 상황의 예에서도 저는 “음... 저 상황에서 this cookie는 3인칭 단수이니까 have가 아니라 has를 써야하나...?” 이런 생각이 먼저 들었었거든요. 하지만 10년이 넘게 이곳 미국 현지에서 생활해 보니, 영어도 한 번 들었을 때 이해가 되도록 심플하게 말하고 직관적으로 말하는 “언어 도구”라는 생각을 계속하게 되었어요. 그 깨달음을 한국에 계신 독자분들과 나누고 싶어서 이렇게 “인생영어” 책을 쓰게 되었습니다.

심플하고 직관적인 표현 101개

이 책에 수록된 101개의 표현들은 한 번 들으면 그 뜻이 바로 이해되고 여러분도 바로 실생활에서 입을 열고 말할 수 있는 표현들입니다. 미국에 있는 직장인, 대학생들은 물론 초등학생들도 즐겨 쓰는 표현들이에요. 예를 들면, 64번 표현인 heads-up(헤즈업)은 미국에서 정말 많이 듣는 표현인데요, 저는 한국에 있을 때는 들어본 적이 없었어요. "앞으로 일어날 일에 대해서 미리 귀띔해주는 공지사항/안내"라는 뜻인데요, 이 단어를 들으면 미국 사람들은 다른 일을 하다가도 두 눈을 반짝이며 경청 모드로 돌입합니다. 이 표현에 쓰인 두 단어를 하나씩 뜯어보면 heads "머리들"을 up "위로"이지요. 사무실에서 모두 머리를 숙이고 컴퓨터 모니터만 보고 있는 상황에서 Alright folks, I'll give you a heads-up.이라고 말하면 모든 사람들이 하던 일을 잠시 멈추고 파티션 위로 고개를 들어 그 공지를 말하는 사람을 쳐다보게 됩니다.

어떠세요? Heads-up이라는 표현. 들었을 때 바로 이해되고 말하기도 쉽지요? 지금 바로 소리내서 한번 말해 보세요, I have a heads-up for you!

보고 덮어두는 책이 아닌 "실천의 책"

다음으로 독자 여러분께 드리고 싶은 말씀은 이 책은 "실천의 책"이라는 점입니다. 이 책을 서점에서 보고 계신 여러분들은 영어 공부에 관심이 많으시고 영어 실력을 더 높이고 싶으신 분들일 거라고 생각해요. Use it or lose it.이라는 표현을 들어보셨지요? "사용하지 않으면 잃게 된다"라는 표현인데요, 즉 거꾸로 번역을 해보면 "사용해야 내 것이 된다"라는 표현이에요.

영어 학습 입장에서 보면 "사용"은 "쓰기"와 "말하기"로 볼 수 있다고 해요. 따라서, 나의 영어 실력을 높이고 싶다면, 무언가를 배운 즉시 "쓰기"와 "말하기"를 해봐야 내 것이 된다고 하지요. 이 학습 철학에서 시작해서 이 책에 수록된 표현 하나하나에 대해서 "실천 페이지"를 책의 홈페이지에 제공해 드렸어요. 무료로 제공되는 이 실천 페이지는 여러분이 채워 나가시는 페이지입니다.

실천 페이지에는 4개의 실천 미션이 있습니다. (1) 그날에 배운 표현과 예문을 따라서 써보기, (2) 나만의 문장을 만들어 보기, (3) 앞으로 이 표현을 "언제, 누구에게, 어떻게" 써먹어 볼지 브레인스토밍해서 적기, 그리고 (4) 마지막으로 이 표현에 대해서 내가 이해한 바를 그림으로 그리는 "이 표현에 대한 나의 그림"을 그리기입니다. 책에 있는 일러스트를 점선을 따라서 그리셔도 좋고요, 여러분이 해석하신 대로 자유롭게 그리셔도 좋습니다. 저는 그림을 잘 그리는 편은 아니지만 어설프게라도 그림 그리는 걸 아주 좋아해요. 제가 이해한 단어나 표현에 대해 그림을 그려보고 머릿속에 이미지로 남겨 두면 배운 것을 체화하는데 정말 큰 도움이 되거든요. 제 책 이곳저곳에서 제가 그려둔 그림 샘플들을 보시면 아시겠지만 정~말 심플한 그림도 괜찮습니다. 9페이지에 있는 〈학습방법 페이지〉에서 구체적인 예시를 보실 수 있습니다.

즐겁게 이 4단계를 밟으시면서 여러분의 영어 실력을 높여 보세요. 이 4가지를 다 하는데 한 10분도 안 걸리는 것 같아요. 하루에 10분 정도를 투자해서 매일 조금씩 성장하는 나를 보게 된다면 뿌듯하지 않을까요?

책을 "괴롭히며" 표현을 유연하게 사용하기

각 표현마다 "이 표현은 비즈니스 상황에서 자주 씁니다.", "이 표현은 학교에서 자주 씁니다." 라고 말씀을 드렸어요. 하지만 너무 딱딱하게 "이건 이 상황에서만, 저건 저 상황에서만 써야지." 라고 경직되게 나누실 필요는 없는 것 같아요. heads-up 이 표현도 일상에서 많이 쓰지만, 격식 있는 비즈니스 상황에서도 자연스럽게 쓰는 표현이거든요. 따라서, 각 표현을 보신 후에 여러분이 "이 표현은 언제 어떻게 써먹을 수 있겠다."라고 브레인스토밍 하신 부분과 제가 본문에서 설명해 드린 예들을 기억하시면서 실생활에서 사용하시면 좋을 것 같아요.

예를 들어 보면, 직장인분들은 해외 클라이언트를 만나는 미팅에 가시기 전에 이 책에서 익혔던 내용을 잠시 3-4분 정도 읽어 본 후 미팅에 들어가셔서 새로운 표현 1-2개를 꼭 써먹겠다고 생각하시고 가셔도 좋을 것 같아요. 혹은, 학생들은 영어 토론이나 발표를 할 때 유용하게 쓸 수 있는 표현들을 메모해 두었다가 사용해도 좋을 것 같고요. 일상으로 바쁘신 주부님들은 아침에 식사 준비를 하시기 전에 한 문장씩 읽어 보시고 하루를 시작하셔도 좋을 것 같아요. 물론, 이런 방법들은 제가 생각해 본 예시일 뿐이고요, 독자 여러분들께서 편하신 방법으로 자유롭게 활용하시면 좋겠습니다. 책의 본문 내용에 자유롭게 메모하시고, 밑줄을 그으시고, 인덱스 스티커도 붙이면서 여러분의 영어 학습과 활용에 도움이 될 수 있도록 이 책을 "괴롭혀" 주시길 추천드립니다.

"English is very easy, Korean is not."

미국에 유학 오기 전 한국에 있을 때 친하게 지냈던 하버드 대학교를 졸업한 미국인 친구가 저에게 했던 말이에요. 저는 영어가 너무 어려웠기 때문에 Why? 라고 계속 그 친구에게 물어 봤어요. "영어는 너무 어렵잖아, 말도 반대로 해야 하고..." 제가 그렇게 말했더니, 그 친구가 말하길 English is very simple and straightforward. "영어는 아주 심플하고 직접적이거든."이라고 말했던 기억이 나요. 이 책을 쓰고 생각을 정리하면서 "아, 정말 영어는 심플하다는 말이 맞구나"라는 생각을 계속 하게 되었습니다. every cookie oil과 heads-up 표현을 보면 정말 그런 것 같지 않나요?

자, 여러분 이제 이 책에서 엄선한 101개 표현이 너무 궁금하시죠? 다음 페이지부터 시작되는 너무나도 쉽고 직관적인 미국 원어민이 쓰는 실전 영어 표현 101개를 즐겁게 봐 주세요. 또한 실천 페이지를 활용하셔서 꼭 여러분의 표현으로 만드시고 당장 오늘부터 실제로 써 먹으시길 바랍니다.

"Use it or lose it!"

여러분의 영어학습에 "인생영어"가 동기부여를 팍팍! 줄 거예요.
독자 여러분의 하루하루 성장을 응원합니다! 감사합니다.

2024년 5월
미국에서

T. John Kim 드림.

목차

학교/유학생활 직관적 영어 표현

비즈니스 직관적 영어 표현

학습 방법

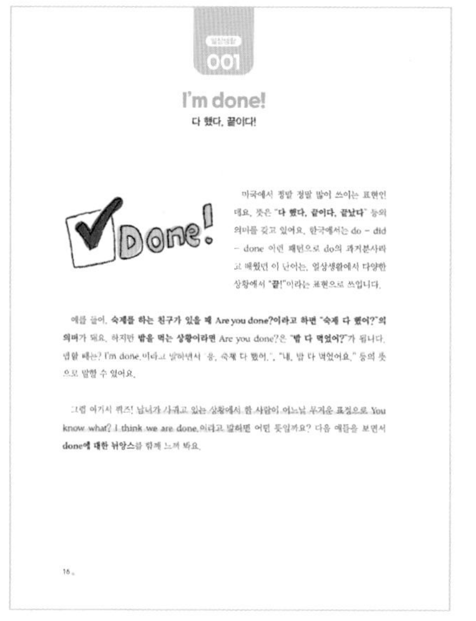

일상생활

001

I'm done!

다 했다, 끝이다!

미국에서 정말 정말 많이 쓰이는 표현인데요, 뜻은 "**다 했다, 끝이다, 끝났다**" 등의 의미를 갖고 있어요. 한국에서는 do – did – done 이런 패턴으로 do의 과거분사라고 배웠던 이 단어는, 일상생활에서 다양한 상황에서 "**끝!**"이라는 표현으로 쓰입니다.

예를 들어, **숙제를 하는 친구가 있을 때 Are you done?이라고 하면 "숙제 다 했어?"의 의미**가 돼요. 하지만 **밥을 먹는 상황이라면** Are you done?은 "**밥 다 먹었어?**"가 됩니다. 대답할 때는? I'm done.이라고 말하면서 "응, 숙제 다 했어.", "네, 밥 다 먹었어요." 등의 뜻으로 말할 수 있어요.

그럼 여기서 퀴즈! 남녀가 사귀고 있는 상황에서 한 사람이 어느날 무거운 표정으로 You know what? I think we are done.이라고 말하면 어떤 뜻일까요? 다음 예들을 보면서 **done에 대한 뉘앙스**를 함께 느껴 봐요.

16

1)

저자의 미국 생활 경험이 생생하게 담긴 일화 속에서 학습할 표현을 확인하게 됩니다. 어떠한 상황에서 쓰였는지 글로 한번 이해하고, 어떠한 의미와 뉘앙스로 쓰이는지 그림을 통해서도 쉽게 이해할 수 있어요.

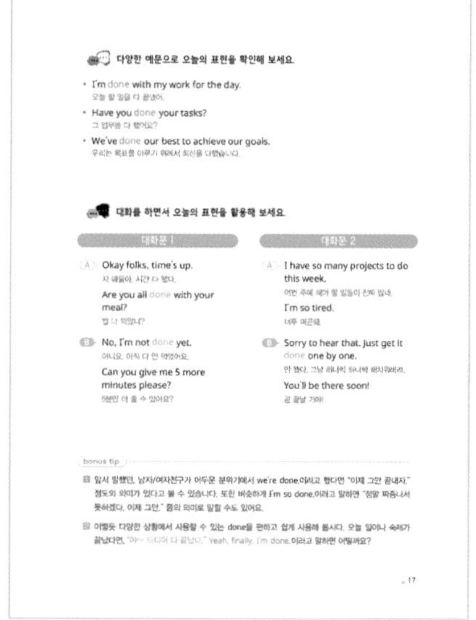

다양한 예문으로 오늘의 표현을 확인해 보세요.

- I'm done with my work for the day.
  오늘 할 일을 다 끝냈어.
- Have you done your tasks?
  그 업무를 다 했어요?
- We've done our best to achieve our goals.
  우리는 목표를 이루기 위해서 최선을 다했습니다.

대화를 하면서 오늘의 표현을 활용해 보세요.

대화문 1

A Okay folks, time's up.
자 얘들아, 시간 다 됐다.
Are you all done with your meal?
밥 다 먹었니?

B No, I'm not done yet.
아니요, 아직 다 안 먹었어요.
Can you give me 5 more minutes please?
5분만 더 줄 수 있어요?

대화문 2

A I have so many projects to do this week.
이번 주에 해야 할 일들이 진짜 많네.
I'm so tired.
너무 피곤해.

B Sorry to hear that. Just get it done one by one.
안 됐다. 그냥 하나씩 하나씩 해치워버려.
You'll be there soon!
곧 끝날 거야!

bonus tip

01 앞서 말했던, 남자/여자친구가 어두운 분위기에서 we're done.이라고 했다면 "이제 그만 끝내자." 정도의 의미가 있다고 볼 수 있습니다. 또한 비슷하게 I'm so done.이라고 말하면 "정말 짜증나서 못하겠다. 이제 그만." 쯤의 의미로 말할 수도 있어요.

02 어떻든 다양한 상황에서 사용할 수 있는 done을 편하고 쉽게 사용해 봅시다. 오늘 일이나 숙제가 끝났다면, "아~ 드디어 다 끝났다." Yeah, finally, I'm done.이라고 말하면 어떨까요?

17

2)

학습한 표현은 다양한 예문을 통해 다시 한번 확인하고, 대화를 통해 활용해 봅니다. 특히, 문장과 대화는 꼭 원어민 음성으로 들어보세요.

MP3 다운로드 방법

www.pub365.co.kr 홈페이지 접속 → 도서 검색 → 미국 사람들이 평생 써먹는 인생영어 → MP3 다운

저자가 직접 알려주는 학습방법 팁!
영상으로 확인해보세요.

오늘 배운 표현을 내 것으로 만들기 위하여, 아래 4가지 미션을 수행하세요!

① 오늘의 필사 – 오늘의 표현과 예문을 따라 써보세요.
② 나만의 영작 – 오늘의 표현을 활용해서 여러분의 문장으로 만들어 보세요.
③ 사용 연습 계획 – 오늘의 표현을 내 일상에서 어떻게 사용할지 생각해 보세요.
④ 그림으로 표현 – 그림을 따라 그리면서 의미를 한번 더 기억하세요.

미션 ① 오늘의 필사

표현

예문

미션 ② 나만의 영작

나만의 영작

미션 ③ 사용 연습 계획

미션 ④ 그림으로 표현

Done!

3)

책으로 학습할 표현을 확인했다면, 이제 실천 페이지를 통해 복습을 해주세요.
4가지 미션을 수행하시면 됩니다.

미션 ① 그날 배운 표현과 예문을 따라 써보기
미션 ② 나만의 문장 만들어 보기
미션 ③ 이 표현을 "언제, 누구에게, 어떻게" 말해 볼지 미리 계획 세워보기
미션 ④ 이 표현에 대해서 내가 이해한 바를 그림으로 그려보기

이 미션을 하나씩 실천하다 보면 어느새 자연스럽게 익숙해져 있는 여러분을 발견할 거예요!

실천페이지 다운로드 방법
www.pub365.co.kr 홈페이지 접속 → 도서 검색 → 미국 사람들이 평생 써먹는 인생영어
→ 실천페이지 PDF 다운

PART 01

일상생활 직관적 영어 표현

001~036

I'm done!

다 했다, 끝이다!

미국에서 정말 정말 많이 쓰이는 표현인데요. 뜻은 **"다 했다, 끝이다, 끝났다"** 등의 의미를 갖고 있어요. 한국에서는 do – did – done 이런 패턴으로 do의 과거분사라고 배웠던 이 단어는, 일상생활에서 다양한 상황에서 **"끝!"**이라는 표현으로 쓰입니다.

예를 들어, **숙제를 하는 친구가 있을 때** Are you done?**이라고 하면 "숙제 다 했어?"의 의미**가 돼요. 하지만 **밥을 먹는 상황이라면** Are you done?은 **"밥 다 먹었어?"**가 됩니다. 답할 때는? I'm done.이라고 말하면서 "응, 숙제 다 했어.", "네, 밥 다 먹었어요." 등의 뜻으로 말할 수 있어요.

그럼 여기서 퀴즈! 남녀가 사귀고 있는 상황에서 한 사람이 어느날 무거운 표정으로 You know what? I think we are done.이라고 말하면 어떤 뜻일까요? 다음 예들을 보면서 **done에 대한 뉘앙스**를 함께 느껴 봐요.

MP3

다양한 예문으로 오늘의 표현을 확인해 보세요.

- I'm done with my work for the day.
  오늘 할 일을 다 끝냈어.
- Have you done your tasks?
  그 업무들 다 했어요?
- We've done our best to achieve our goals.
  우리는 목표를 이루기 위해서 최선을 다했습니다.

대화를 하면서 오늘의 표현을 활용해 보세요.

대화문 1

A Okay folks, time's up.
자 얘들아, 시간 다 됐다.
Are you all done with your meal?
밥 다 먹었니?

B No, I'm not done yet.
아니요, 아직 다 안 먹었어요.
Can you give me 5 more minutes please?
5분만 더 줄 수 있어요?

대화문 2

A I have so many projects to do this week.
이번 주에 해야 할 일들이 진짜 많네.
I'm so tired.
너무 피곤해.

B Sorry to hear that.
Just get it done one by one.
안 됐다. 그냥 하나씩 하나씩 해치워버려.
You'll be there soon!
곧 끝날 거야!

bonus tip

1 앞서 말했던, 남자/여자친구가 어두운 분위기에서 we're done.이라고 했다면 "이제 그만 끝내자." 정도의 의미가 있다고 볼 수 있습니다. 또한 비슷하게 I'm so done.이라고 말하면 "정말 짜증나서 못하겠다, 이제 그만." 쯤의 의미로 말할 수도 있어요.

2 이렇듯 다양한 상황에서 사용할 수 있는 done을 편하고 쉽게 사용해 봅시다. 오늘 일이나 숙제가 끝났다면, "야~ 드디어 다 끝났다." Yeah, finally, I'm done.이라고 말하면 어떨까요?

Good vibes

좋은 기운

두 번째 표현 Good vibes 에서 주요 단어는 **vibe** 예요. **"에너지, 파동, 기운"** 등으로 번역할 수 있는 이 단어는 우리가 흔히 말하는 "내가 좋은 기운을 줄게!"처럼 말하고 싶을 때 give 동사와 함께 쓸 수 있어요. 예를 들어, 친구가 일이나 프로젝트로 너무 힘들다고 할 때 **No worries, I'll send you good vibes!**라고 말하면 **"기운내 친구야, 내가 좋은 기를 줄게. 빠샤!"** 정도의 의미가 될 수 있습니다.

실제로 예전에 다른 책 원고를 쓰면서 몸도 마음도 너무 지쳐서 힘들다고 미국인 친구에게 하소연을 했더니 그 친구가 I'm sending you good vibes your way.라고 말하며 위로해 준 적이 있었어요. 그 후로 저는 정말 좋은 기운 good vibes로 주위가 가득한 기분이 들었었지요. 예문을 보면서 vibe에 대한 뉘앙스를 느껴 봅시다.

MP3

다양한 예문으로 오늘의 표현을 확인해 보세요.

- Hanging out with friends always brings good vibes.
  친구들과 어울리며 시간을 보내는 것은 항상 좋은 기운을 가져다 줍니다.
- Sending you good vibes for a wonderful day ahead!
  좋은 에너지를 보내요! 멋진 하루 되세요!
- The uplifting quotes on your desk give good vibes and motivation.
  책상 위에 있는 격려하는 명언들은 좋은 기운과 동기부여를 줍니다.

대화를 하면서 오늘의 표현을 활용해 보세요.

대화문 1

A This semester is so hard.
이번 학기 너무 힘드네.

But my Taekwondo class gives me good time to refresh.
근데 태권도 수업은 에너지를 재충전하는 시간인 것 같아.

B Yeah, I heard good comments about the Taekwondo class.
응, 나도 태권도 수업이 좋다는 얘기 많이 들었어.

I think the class gives good vibes to everyone!
그 수업은 사람들에게 좋은 기운을 주는 것 같아!

대화문 2

A Oh, this project takes way more time than I thought.
아, 이 프로젝트 생각했던 것 보다 시간이 너무 걸리네.

I'm so frustrated.
진짜 짜증나.

B Sorry to hear that. I believe you can do it.
아이고, 안 됐다. 넌 잘 할 수 있을 거야.

I'm sending you good vibes now!
내가 좋은 기를 보내 줄게!

bonus tip

낙심하고 있는 친구를 위로할 때, I'm sending you good vibes! 라고 친구를 위로하고 응원해 보면 어떨까요?

Be ripped off

사기를 당하다

직역하면 "발기발기 찢겨지다" 정도로 해석할 수 있는데요, 우리말로 번역을 한다면 이른바 "사기를 당했다"로 번역할 수 있고요, 정말 맛깔나게(?) 속된 슬랭으로 번역한다면 "눈탱이를 맞았다"로 번역할 수 있어요.

예를 들어 자동차를 사거나 비싼 물건을 사는 계약을 할 때 시세보다 더 비싼 가격을 지불하도록 계약해서 불이익을 받게 된 경우 쓸 수 있는 표현이에요. 실제로 미국에서 라디오를 듣다보면 차 딜러들이 광고할 때 다른 데 가서 **"사기 당하지 말고 우리 가게로 오세요!" Don't get ripped off by other dealership, come to us!**라고 말하는 광고를 자주 들을 수 있습니다. 예를 보면서 rip off의 뉘앙스를 느껴 보아요.

MP3

다양한 예문으로 오늘의 표현을 확인해 보세요.

- I always check online reviews before buying to ensure I don't get ripped off.
  나는 항상 구매하기 전에 온라인 리뷰를 확인해서 속지 않으려고 해.
- When buying a used car, it's important to have a mechanic inspect it to avoid being ripped off.
  중고차를 살때는 사기 당하기 않기 위해서 정비사 점검을 받는 게 중요해요.
- The tourists realized they were ripped off by paying three times higher for a simple souvenir.
  관광객들은 단순한 기념품에 세 배의 돈을 내면서 속아 넘어 갔다는 것을 깨달았다.

대화를 하면서 오늘의 표현을 활용해 보세요.

대화문 1

A Wow, nice car!
와, 차 좋다.
So, did you buy the car that you mentioned the other day?
지난 번에 말했던 차 산거야?

B Yeah, but I think I was ripped off.
응, 그런데 나 사기 당한 것 같아.
When I looked at the contract again, I found that I paid unnecessary fees for some redundant options.
계약서를 다시 봤더니, 불필요한 옵션 들에 대해서 수수료를 더 낸 것 같더라고.

대화문 2

A Yeah, we're in Las Vegas.
야호, 라스 베가스에 놀러 왔다.
How exciting!
신난다!

B Hey, calm down and be careful, bro.
야, 진정하고 좀 조심해.
Some people advertising a cheap trip package in the street might try to rip you off.
길에서 싼 여행 패키지 파는 사람들이 너한테 사기칠 수도 있어.

bonus tip

"네가 바가지를 쓰지 않으면 좋겠어."라고 말하고 싶을 때, I hope you don't get ripped off.라고 말해 보면 어떨까요?

Be rusty

실력이 녹슬다

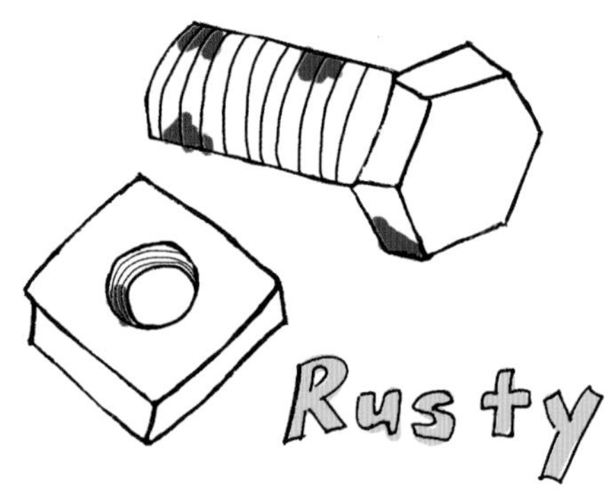

영어 공부를 하다보면 **깜짝 놀랄 만큼 한국어와 거의 똑같은 뜻으로 사용되는 영어 표현**들이 있어요. 그 중에 하나가 **rusty "녹이 슨"** 표현이 아닌가 싶어요.

2020년 초반에 코로나 사태 직후, 피트니스 센터도 문을 닫고 외출도 금지되고 해서 운동을 못하던 중, 테니스는 비접촉 운동이라 할 수 있다는 걸 알고 시작하게 되었었어요. 그 후 약 2년 정도 테니스에 꽂혀서 잘 치고 있었답니다. 미국에 있는 한 동네 리그에도 참여해서 성적은 중간쯤이었지만 친목도 다졌는데요, 이번 겨울에는 한 시즌 쉬려고 등록을 안 하기로 했어요.

I won't register for this winter season, I'll take a season off and come back in Spring. "이번 겨울에는 등록 안하고 한번 쉴게, 봄에 돌아올게."라고 제가 말하자 제 친구가 말하길, **Oh, if you don't play for a while, you're gonna be rusty.** "야, 한동안 안 치면 실력이 녹슬 거야."하고 말했어요. 아... 실력이 녹슨다. 중학교 때 무작정 외웠던 rusty라는 단어를 이렇게도 쓰는구나 하고 아하 모멘트가 왔었답니다.

MP3

다양한 예문으로 오늘의 표현을 확인해 보세요.

- If you don't practice, you're going to be rusty on your tennis skill.
  연습하지 않으면, 네 테니스 실력이 녹슬 거야.
- Because I haven't coded for a while, my programming skills might be rusty now.
  한동안 코딩을 하지 않아서, 지금은 내 프로그래밍 스킬이 좀 녹슬었을지도 몰라요.
- As I haven't played the piano for years, I anticipate that I might be a bit rusty now.
  피아노를 몇 년 동안 안 쳐서, 지금은 아마 실력이 줄었을 것 같아요.

대화를 하면서 오늘의 표현을 활용해 보세요.

대화문 1

A Are you still fluent in Spanish?
아직 스페인어를 유창하게 하세요?

B I haven't used it lately.
최근에 사용한 적이 없어요.

I'm afraid I might be rusty on my Spanish language skills.
스페인어 실력이 녹슬었는지 걱정이에요.

대화문 2

A Did you keep up with your cello practice?
첼로 연습 꾸준히 하셨어요?

B Not really.
그렇게 많이는 아니에요.

I fear I might be rusty on my cello skills now.
지금은 첼로 실력이 녹슬었을까 봐 걱정이에요.

bonus tip

"우리 모두의 실력이 녹슬지 않기를 바랍니다!"라는 뜻으로 I hope none of us becomes rusty! 라고 친구나 동료들에게 말해보면 어떨까요?

I like your outfit!

옷 스타일이 멋있어요!

이번 표현은 I like his outfit. "나는 저 사람 옷입는 스타일이 좋더라."입니다. outfit을 번역하면 "옷입는 스타일" 정도의 뜻이 됩니다.

어제 대학교에서 수업을 하면서 영어 표현을 한국어로 어떻게 말하는지 물어보고 답하는 연습을 했는데요, 한 학생이 "outfit을 한국어로 어떻게 말해요?" 라고 질문했어요.

그 학생이 설명하길, Outfit means someone's way of wearing clothes, hair style and etc.라고 하더라고요. 고민을 해보니 그럼 **"옷차림새, 혹은 옷 스타일"**로 번역할수 있겠다고 토론했어요.

outfit 단어를 알기도 알고 들어보기도 했지만,
실제 일상 생활에서 쓰기나 말하기 할 때는 거의 써 본적이 없는 단어 같아요. 하지만 미국 학생들은 아주 많이 쓰고 있었어요. outfit의 뜻은 "함께 입는 옷의 구성", "특별한 상황이나 목적에 맞게 고르는 옷 입는 스타일"을 말합니다.

MP3

다양한 예문으로 오늘의 표현을 확인해 보세요.

- Michelle wears a black outfit.
  미셸은 검정색 옷 스타일을 입는다.
- I like your riding outfit.
  자전거 탈 때 입는 옷 스타일이 멋있어요.
- My friend got a complete ski outfit as a gift from her uncle.
  내 친구는 삼촌으로부터 스키복 풀세트를 선물로 받았다.

대화를 하면서 오늘의 표현을 활용해 보세요.

대화문 1

A: Hi, I just wanted to say, I really like your outfit today.
안녕하세요, 오늘 옷 스타일이 아주 멋있다고 말해주고 싶었어요.

The colors look great on you!
색깔이 정말 잘 어울려요!

B: Oh, thank you so much!
오, 감사합니다!

대화문 2

A: Wow, you look great tonight!
와, 오늘 스타일이 정말 멋지네요.

Your outfit is on point for this event.
오늘 행사에 딱 맞는 스타일같아요.

B: Thank you!
감사합니다!

I wanted to go for something a bit more formal.
오늘은 조금 더 격식있게 입으려고 했어요.

I'm glad it works.
잘 맞는다니 다행이네요.

bonus tip

친구나 회사 동료의 옷입는 스타일이 멋지고 마음에 들 때, I like your outfit.이라고 칭찬해 주면 어떨까요?

I failed gas emissions test.

차 배기가스 점검에 떨어졌다.

미국에서 제가 살고 있는 주에서는 2년에 한번 자동차 안전 검사(Safety Inspection)와 배기가스 검사(Gas Emissions Test)를 해요. 그런데 이번에 안전 검사는 붙었는데요, 배기가스 검사는 떨어졌어요. 검사지에 보니 **failed**라고 딱 써 있더라고요. 중고등학교 때 배웠던 단어인 emission을 미국 실생활에서 이렇게 매일 매일 쓰고 있으니 신기했답니다. 한국에서도 안전/배기가스 검사를 2년에 한 번씩 했던 기억이 있어요. 아래 배기가스 검사 결과지(Emissions Inspection Result)에 보시면 Fail이라고 적혀있어요.

이렇게 배기가스는 emission이라고 표기할 수 있고요, 어떤 시험에서 떨어졌다는 말은 I failed a test.라고 간단하게 표현할 수 있답니다.

Emissions Inspection Result: Fail		Protoc
MIL Result: **Fail**	MIL KOEO: **Pass**	MIL K
Data Link Connector (DLC): **Pass**	DLC Fail Reason:	
OBD Communication: **Pass**	Comm. Fail Reason:	

Car emissions test

다양한 예문으로 오늘의 표현을 확인해 보세요.

- I was disappointed to learn that my old vehicle failed the emissions test.
  제 오래된 차가 배기 검사에서 떨어졌다는 소리를 듣고 실망했어요.
- After having the necessary repairs, I was happy to hear that my vehicle managed to pass the emissions test.
  필요한 정비를 마친 다음에, 내 차가 배기가스 검사에 합격했다는 소식을 듣고 너무 기뻤다.
- Dealing with the results of a failed emissions test, I realized the importance of regular maintenance.
  배기가스 검사 불합격 결과를 처리하면서 정기적 정비의 중요성을 깨달았다.

대화를 하면서 오늘의 표현을 활용해 보세요.

대화문 1

A I heard that your car failed the emissions test.
배기가스 검사에서 떨어졌다고 들었어요.
What happened?
이유가 뭐예요?

B Yeah, it did.
네, 떨어졌어요.
There was an issue with the O2 sensor.
산소 센서에 문제가 있더라고요.

대화문 2

A I heard you took your car for the emissions test today.
오늘 배기가스 검사했다고 들었어요.
How did it go?
어떻게 됐어요?

B My car passed the emissions test without any problems.
제 차가 아무 문제 없이 배기가스 검사에 합격했어요.

bonus tip

다음에 자동차 배기가스 검사를 하러 갈 때는 I need to take my car's gas emissions test today. "나 오늘 자동차 배기가스 검사 받으러 가야 돼."라고 오늘 배운 표현들을 연습해 보면 어떨까요?

Fascinated by something

~에 매료되었다/반했다

미국 사람들이 정말 많이 쓰는 표현인 fascinate는 This is **fascinating.** 처럼 말할 수 있고요, "야 저거 정말 좋다/매혹적이다"의 의미로 쓰입니다. 반대로 수동적 표현으로 I am **fascinated by this.** 라고 쓰면 "나는 **이것에 완전히 매료되었어(반했어).**"라는 뜻을 갖게 돼요.

최근에 테니스를 치는 친구들과 대화하던 중 요즘 ATP(Association of Tennis Professionals) 1등을 하고 있는 알카라즈 선수의 플레이에 매료되었다는 친구가 있었어요. 그 친구가 말하길 Alcaraz was so fast! I was fascinated by Alcaraz's hustle. "알카라즈의 빠른 속도가 정말 멋지더라, 완전 반했잖아."라고 말했지요.

MP3

다양한 예문으로 오늘의 표현을 확인해 보세요.

- I am fascinated by different cultures.
  나는 다른 문화에 매료되었다.
- When I was young, I was fascinated by the stars in the sky.
  어렸을 때, 나는 하늘의 별들에게 매료되었었다.
- After the workshop, we were fascinated by the presenter's creativity.
  워크숍 후에 우리는 그 발표자의 창의성에 매료되었다.

대화를 하면서 오늘의 표현을 활용해 보세요.

대화문 1

A Welcome to our museum!
우리 박물관에 오신 것을 환영합니다!
What do you think of the exhibition?
전시물들이 어떠세요?

B I was fascinated by the details in the paintings.
저는 그림들의 디테일에 매료되었어요.

대화문 2

A How was the drama I recommended last week?
지난 주에 제가 추천한 드라마 어땠어요?

B Oh, it was fantastic!
아, 정말 좋았어요!
I was truly fascinated by the characters and the unexpected plot twists.
캐릭터들과 예상치 못한 줄거리 반전에 정말 매료되었어요.

bonus tip

여러분이 좋아하게 된 어떤 것(노래, 운동, 취미, 사람, 드라마 등)이 있다면, I was fascinated by that!이라고 표현해 보면 어떨까요?

일상생활
008

I messed up.

망했어.

Uh, oh...
I messed up

어제 저녁을 먹다가 제 아내가 "음... '**망했어**'는 영어로 어떻게 해요?"라는 질문을 해서 영어의 native speaker인 아이들과 토론을 했었어요. "망했어"의 후보로 screwed up과 messed up이 후보로 나왔어요.

미국에서 초등학교를 다니고 있는 아이들은 **messed up**에 한 표를 더 주었는데요, 저도 박사 졸업 논문을 쓰면서 고군분투할 때 많이 들었던 표현 중에 하나였어요.

박사 논문을 쓰면서 data collection을 신나게 하고 있었던 어느 겨울에, 이제 논문을 쓰고 마쳐야 할 때가 점점 다가오자 advisor 선생님이 저에게 이렇게 말씀해 주신 적이 있었거든요. Stop messing around, get it done. "이제 그만 여기 저기에서 망치고 다니는 걸 멈추고, 일을 끝내자." 심플하게 말할 수 있는 아주 유용한 표현인 것 같지요? 다른 예문들을 보면서 mess up의 뉘앙스를 느끼면서 연습해 보세요.

MP3

다양한 예문으로 오늘의 표현을 확인해 보세요.

- Using the recipe, I realized that I had messed up.
  그 요리법을 사용하다가 내 요리가 망했다는 걸 깨달았다.
- I didn't want to mess up the presentation, but I accidentally clicked on the wrong slide.
  프레젠테이션을 망치고 싶지 않았는데, 실수로 잘못된 슬라이드를 클릭했어요.
- I tried not to mess up the [1]DIY project, and it worked well!
  저는 그 DIY 프로젝트를 망치지 않으려고 노력했고, 잘 완성 되었어요!

대화를 하면서 오늘의 표현을 활용해 보세요.

대화문 1

A How did your piano recital go last night?
어젯밤에 피아노 연주회 잘 진행되었어요?

B I was very nervous, but I didn't mess up!
정말 긴장했지만, 망치지는 않았어요.

The audience enjoyed it.
관객들이 좋아했어요.

대화문 2

A How did the dinner preparation go?
저녁 준비는 어떻게 됐어요?

B Unfortunately, I messed up the cooking.
안타깝게도, 저는 요리를 망쳤어요.

I followed the recipe, but it didn't turn out as expected.
레시피대로 했지만 예상대로 나오지 않았어요.

bonus tip

1 DIY: Do-It-Yourself의 줄임말로 스스로 테이블을 만들거나 기계 등을 자가 정비하는 것

2 동료나 친구, 혹은 나 자신이 뭔가를 망치거나 실수를 했을 때, Oh, I messed up this, let's do it again! "아 이거 망했네, 다시 하자!"라고 실수를 솔직하게 인정하고 툴툴 털어 버린 후 다시 시작하면 어떨까요?

Appointment vs. Reservation

예약

미국에 와서 이 단어들이 어떻게 사용되고 있는지를 몸으로 겪고 배우면서 얻은 결론은, **appointment는** "다른 사람과 만나는 예약/약속"에 사용되고, **reservation**은 "장소나 자리를 예약하는 상황"에서 사용된다는 점이에요. 예를 들어, 특히 병원에서 의사 선생님께 진료를 받고 싶어서 예약을 하려고 할 때는 I want to make an appointment with Dr. OOO. "저는 OOO 의사 선생님과 예약하고 싶습니다."라고 말할 수 있어요.

Reservation은 어떨까요? 서두에 말한 것처럼 이 단어는 장소나 자리를 예약할 때 써요. 예를 들어, 식당에서 저녁 7시에 회식하려고 자리를 예약하고 싶을 때 I want to make a reservation for 4 people at 7 pm tonight.라고 말할 수 있지요. 혹은 동사로 reserve를 말하면서, Can I reserve a table for 4 people tonight at 7 pm please? "오늘 저녁 네 사람이 식사할 수 있게 자리를 하나 예약할 수 있나요?"라고 말할 수도 있습니다. 여러분도 식당에서 예약된 자리에는 reserved "예약된 자리"라는 표시를 본 적이 있을 것 같아요. 다양한 예문을 보면서 appointment와 reservation의 차이를 익혀 보시길 바랍니다.

MP3

다양한 예문으로 오늘의 표현을 확인해 보세요.

- She made an appointment with the doctor.
  그녀는 그 의사와 만날 약속을 잡았다.
- My friend went to the desk to make a reservation.
  내 친구는 예약하려고 데스크로 갔다.
- I want to make an appointment with my dentist for a regular checkup next week.
  다음 주에 정기 검진을 위해서 치과 의사 선생님과 예약을 잡고 싶어요.

대화를 하면서 오늘의 표현을 활용해 보세요.

대화문 1

A I have some issues with my computer.
컴퓨터에 문제가 좀 있어요.
Who should I talk to?
누구에게 얘기해야 할까요?

B You should make an appointment with the IT support team.
IT 지원팀하고 예약을 잡아 보세요.

대화문 2

A How about the new Italian restaurant downtown for our family party?
가족 파티 장소로 새로 오픈한 이탈리안 레스토랑 어때요?

B Sounds good!
좋아요!
I'll make a reservation for 10 people.
10명 자리를 예약할게요.

bonus tip

직장 상사나 선생님, 의사 선생님과 만날 약속을 잡고 싶을 때는 appointment, 식당을 예약할 때는 reservation을 기억하고 사용해 보면 어떨까요?

Guru

전문가

우리가 흔히 **"저 사람은 이 분야의 전문가다/도사다."** 이렇게 말하고 싶을 때 그 분야 이름 뒤에 바로 guru를 붙여서 "OOO guru"라고 써요.

예를 들어 He is a powerpoint guru.라고 하면 "저 사람은 파워포인트 도사야."의 뜻이에요. 이 표현도 미국에서 많이 쓰는 표현이고요, 실제로 석사 과정 공부할 때 은사님 중의 한 분이 다른 교수님을 가리키면서 He is the powerpoint guru.라고 하면서 소개해 준 적이 있어요.

저희 집에서는 며칠 전 저녁 식사시간에 둘째 아들이 학교생활에 대해서 이야기하다가, **I'm a math guru. "나는 수학 마스터잖아."**라고 해서 모두 웃은 적이 있기도 합니다.

MP3

다양한 예문으로 오늘의 표현을 확인해 보세요.

- He is a marketing guru.
  그 사람은 마케팅의 대가입니다.
- The yoga guru taught her students with a series of poses.
  요가 분야의 대가 선생님은 학생들에게 일련의 동작을 가르쳤다.
- My friend is a programming guru who knows everything about coding.
  내 친구는 코딩에 대해 모든 것을 아는 프로그래밍 전문가입니다.

대화를 하면서 오늘의 표현을 활용해 보세요.

대화문 1

A Have you heard about Sarah's expertise?
사라 씨의 전문분야에 대해 들어봤어요?

B Yes, I heard that she's a marketing guru and her strategies are top-notch.
네, 그녀는 마케팅 전문가이고 그녀의 전략은 최고라고 들었어요.

대화문 2

A Have you found someone to redesign the website?
웹사이트를 재디자인할 사람을 찾았어요?

B Yes, I've found a web design guru.
네, 웹 디자인 전문가를 찾았어요.

She has a great portfolio.
그녀의 포트폴리오가 훌륭하더라고요.

bonus tip

1 여러분이 어떤 분야의 전문가라면, 혹은 전문가가 되고 싶다면 I'm/I want to be a 000 guru.라고 하면서 본인을 PR해 보면 어떨까요?

2 guru의 어원은 본래 산스크리트어로 (힌두교나 불교에서 사용된) 선생님, 지도자, 멘토, 전문가라는 뜻이라고 합니다. 그 뜻에서 출발하여 "000 전문가"로 발전했다고 해요. 미국에서 유명한 중고차 매매 사이트 중에 car guru라는 곳도 있어요. 본인들이 차에 관해서는 전문가라고 하면서 사업을 하는 사이트라고 볼 수 있습니다.

First come first served.

먼저 온 사람이 임자 (선착순).

$1 cookies
first come,
first served
Only 40 available!

미국에서 아주 많이 듣는 심플한 표현 중에 하나인 이 표현은 듣는 즉시 직감적으로 이해가 되는 표현입니다. first come "먼저 오다", first served "먼저 서비스를 받다" 마치 long time no see처럼 바로 이해가 되는 표현이지요? 이 표현은 어떤 이벤트를 하거나 일정 등이 있는데, 개인 한 사람들에게 돌아갈 수량에 제한이 있거나, "하고 싶은 분들은 어서 하세요."라고 말하고 싶을 때 써요. 예를 들어, 미국 대학교에는 Writing Center(쓰기 센터)가 있어서 대학생이나 대학원 생들의 쓰기를 도와주는 부서가 있는데요, 이곳의 서비스는 말 그대로 **First come first served! 먼저 온 사람이 먼저 도움을 받는 형태**입니다.

다양한 예문으로 오늘의 표현을 확인해 보세요.

- The camping area is first come, first served, so let's go there ASAP[1].
  그 캠프장은 먼저 도착한 사람이 임자인 시스템으로 운영해, 빨리 가자.
- The limited edition bag is available on a first-come, first-served basis.
  그 리미티드 에디션 가방은 선착순으로 구매 가능합니다.
- This meeting room is first come first served.
  이 회의실은 선착순으로 사용할 수 있습니다.

대화를 하면서 오늘의 표현을 활용해 보세요.

대화문 1

A Is there a reservation system for the study rooms at the library?
도서관 스터디룸 예약 시스템이 있나요?

B No, it's first come, first served.
아니요, 선착순이에요.

Please try to get there early if you need a room.
방이 필요하시면 일찍 도착하시면 돼요.

대화문 2

A I'm interested in joining the volunteer program.
자원봉사 프로그램에 참여하고 싶어요.

How can I sign up?
어떻게 등록하면 돼요?

B It's first come, first served.
선착순 마감이에요.

Check the website and register early.
웹사이트를 보고 일찍 등록하세요.

bonus tip

1 ASAP : as soon as possible 가능한 빨리

2 회사나 학교, 직장에 있는 휴게 공간에 쿠키나 간식을 두고 아무나 드시라고 표시하거나 이메일로 알리고 싶을 때, Please help yourself, first come first served. "드시고 싶은 분은 드세요, 먼저 가져가시는 사람이 임자입니다."라고 써보면 어떨까요?

You're all set!

다 잘 됐습니다!

이번 표현은 You're all set. "**다 잘 됐습니다, 가시면 됩니다.**"입니다.

다른 표현들도 마찬가지이지만, 이 표현은 정말 미국 일상에서 많이 쓰는 표현이에요. 특히 식료품 가게(grocery store)나 옷 가게 등 쇼핑하는 곳에서 들을 수 있는데요, 손님이 모든 값을 지불하고 나가도 될 때 직원이 You're all set. "다 됐습니다, 가시면 됩니다."라고 많이 말해요.

단어 그대로 all은 "모두", set은 "세팅되었다"의 뜻입니다. 즉, 맥락에 따라 모든 준비가 끝났다, 잘 되었다는 뜻으로 쓸 수 있어요. 오른쪽 예문들에서 보듯이 어떤 일이나 프로젝트를 준비할 때 "**다 끝났다**"의 뜻으로도 쓰일 수 있답니다.

MP3

다양한 예문으로 오늘의 표현을 확인해 보세요.

- Your ticket looks good, you're all set to board the plane.
  티켓을 잘 확인했습니다. 비행기에 탑승하시면 됩니다.
- The hotel staff smiled and said, "You're all set for the conference tomorrow."
  호텔 직원은 웃으면서 "내일 컨퍼런스 준비는 다 되었습니다" 라고 말했습니다.
- Once I iron my pants, I'll be all set for the date tomorrow.
  이 바지만 다림질하면, 내일 데이트 준비는 완벽히 끝날 거야.

대화를 하면서 오늘의 표현을 활용해 보세요.

대화문 1

A I think that I've got everything I need.
필요한 건 다 산 것 같아요.

B Great choices!
좋습니다.
You're all set.
다 되었어요.
Your total is $42.
총액은 42불입니다.

대화문 2

A I completed the online training modules.
온라인 트레이닝 모듈들을 다 수료했어요.

B Excellent!
좋아요!
Once you finish the final quiz, you're all set with the training.
마지막 퀴즈를 마치면, 이제 트레이닝은 모두 완료됩니다.

bonus tip

직장이나 학교에서 어떤 일을 모두 잘 마치고 다음 단계로 갈 준비가 되었을 때, Yeah, I'm all set. "좋아, 이제 다 됐어."라고 말해 보면 어떨까요?

Go through

결제되다/승인되다/겪다

슈퍼나 옷 가게 등 물건을 구매하고 돈을 내는 상황에서 자주 쓰는 표현이고요, 특히 신용카드로 값을 지불할 때 써요. 가끔 카드 단말기 속도가 느려서 결제가 잘 안 될 때가 있는데요, 이때 **Did it go through well? "결제가 잘 되었어요?"**라고 물어 볼 수 있어요. 지난 주에 트레이더조스(Trader Joe's – 미국의 한 식료품 체인점)에서 신용카드 결제가 느리게 처리되는 것 같아서 질문했더니, 그 직원이 저에게 Yeah, it went through well. "네, 잘 결제되었습니다."라고 말해 주었어요.

go는 말 그대로 "**가다/진행하다**"의 뜻이고 **through**는 "**~를 통해/통과하여**"의 뜻이지요. 즉, 카드의 정보가 단말기 결제 시스템을 잘 통과하여 지나갔는지를 표현하는 의미로 go through가 "결제가 되다/승인되다(approved)"라는 뜻이 됩니다. 또한, 이 go through는 "어떤 힘든 상황을 겪다, 뚫고 지나가다"의 뜻도 있어서 다른 맥락에서는 다르게 쓰일 때도 있어요. (예: 법률 상황에서는 "검토되다"의 뜻) 하지만, 쇼핑 상황에서는 "결제되다/승인되다"라는 뜻이 됩니다.

MP3

다양한 예문으로 오늘의 표현을 확인해 보세요.

- My credit card went through smoothly at the store.
  제 신용카드가 가게에서 잘 처리되었습니다.
- When you buy online, you need to go through a security check.
  온라인으로 물건을 살 때, 보안 점검을 거쳐야 합니다.
- My friend is going through a hard time due to unemployment.
  내 친구는 실직으로 어려운 시기를 겪고 있어요.

대화를 하면서 오늘의 표현을 활용해 보세요.

대화문 1

A Here's my credit card for this purchase.
신용카드로 할게요.

B Thank you, the transaction went through well.
감사합니다. 결제가 잘 처리되었습니다.

대화문 2

A I received a legal document, but I don't understand it exactly.
법률 문서를 하나 받았는데, 정확히 이해하지 못하겠어요.

B No problem.
괜찮아요.

I can help you go through the legal terms.
제가 법적 용어를 검토하는 데 도와 드릴 수 있어요.

bonus tip

이렇듯 쉬운 두 단어로 이루어진 표현 go through. 쇼핑 상황에서는 Did my card go through successfully? "잘 결제 되었어요?"라고 물어 보고, 학교나 직장에서 힘든 프로젝트를 할 때는 We're going through this hard but important project. "우리는 어렵지만 중요한 일을 하고 있어."라고 말해 보면 어떨까요?

No matter what.

무슨일이 있더라도.

이번 표현은 No matter what. "무슨 일이 있더라도 ... 무조건 끝까지 한다." 예요.

어떤 일이나 숙제, 혹은 과제 등을 하다가 너무 힘들어서 포기하고 싶을 때 **"아무리 힘들어도 끝내자."**라고 말하고 싶을 때가 있잖아요. 이때, No matter what. **"어떤 일이 있더라도 끝까지 한다."**라고 말할 수 있어요.

친구들하고 같이 박사 과정 공부를 할 때, 질적 연구법에 대한 실습 활동에서 3명을 인터뷰 한 후에 그 transcript(인터뷰 전사문)을 코딩하고 thematic analysis(주제 분석)을 하는 과정을 겪었어요. 그런데 그 과정이 얼마나 많은 시간이 들고, 시행착오를 계속 겪게 하던지... 분석하면서 정말 힘들었어요. 한번 결과를 만들면, 친구 연구자들이나 교수님이 "이건 아닌 것 같다. 다시 하는 게 좋겠다."는 피드백을 적어도 10번씩은 주었거든요.

그 때 우리 동기들이 자주 했던 말은 No matter what, I'll get it done! "아무리 힘들어도, 무조건 내가 끝낸다."였지요. 우리 말로 **"네가 이기나 내가 이기나 한번 해보자."**의 뜻도 있다고 볼 수 있어요.

MP3

다양한 예문으로 오늘의 표현을 확인해 보세요.

- He had decided to publish the manuscript no matter what.
  그 사람은 어떤 일이 있더라도 그 원고를 출판하겠다고 결심했다.
- No matter what happens, I believe that you can overcome any obstacles.
  무슨 일이 생기더라도, 나는 네가 장애물들을 이겨낼 수 있다고 믿어.
- No matter what, I will complete this homework today by 5pm.
  무슨 일이 있더라도 오늘 이 숙제를 5시까지 마칠 거예요.

대화를 하면서 오늘의 표현을 활용해 보세요.

대화문 1

A I will not be able to attend the meeting about the issue tomorrow.
내일 그 문제를 논의할 미팅에 갈 수 없을 것 같아요.

B No problem.
괜찮아요.
We'll find a solution, no matter what.
무슨 일이 있더라도 우리는 해결책을 찾을 거예요.

대화문 2

A Oh, there is a huge traffic jam ahead on our road trip route.
아, 우리 자동차 여행 루트에 큰 교통 정체가 있어요.

B No worries!
걱정 하지 마세요.
No matter what obstacles we encounter, we will make it a fun trip.
어떤 어려움을 만나도 이 여행을 즐거운 여행으로 만들거예요.

bonus tip

여러분, 일이나 숙제, 과제를 할 때 힘들어서 포기하고 싶을 때가 있나요? 혹은 "네가 이기나 내가 이기나 한번 해보자."하고 의지를 불태우고 싶을 때가 있나요? 그럴 땐 큰 소리로, No matter what, I'll get it done! "무슨 일이 있어도 난 이걸 해내고야 만다!"라고 크게 외치면서 기운을 다시 얻어 보면 어떨까요?

I'll tell you what.

중요한 걸 말할게.

이 말도 미국 일상에서 아주 자주 쓰는 표현인데요, 미팅, 일상 대화나 가격 흥정 등과 같은 상황에서 뭔가 **중요한 결정이나 정보를 말하기 전**에 Okay, I'll tell you what. "오케이, 이제 중요한 걸 말할게." 라고 말합니다. 이 표현에는 "잘 들어봐"의 뜻도 있고, 우리말로 "좋아, 그럼 이렇게 해보자." "나는 이렇게 결정했으니 한번 들어봐." 정도의 뉘앙스도 가지고 있어요.

얼마전에 미국 동료들과 미팅을 할 때, 누가 무엇을 할지 고민하는 자리에서 한 동료가 I'll tell you what, I'll take care of it. "그럼 내 결정을 말할게 잘 들어봐, 그 건은 내가 맡아서 할게."라고 말했답니다. 그 친구가 I'll tell you what.이라고 말할 때 모든 미팅 참가자들이 하던 말들을 잠시 멈추고 경청모드로 그 사람이 무슨 말을 할지 듣고 있었던 모습을 상상할 수 있을 거예요. 실제 회화에서는 will을 빼고 I tell you what.이라고 캐주얼하게 말하기도 해요.

MP3

다양한 예문으로 오늘의 표현을 확인해 보세요.

- I tell you what, I'll let you use my car if you fill it up with gas.
  그럼 이렇게 하자. 네가 내 차 기름을 가득 채워준다면 차를 빌려주도록 할게.
- I tell you what, I wouldn't pay that much money for the phone.
  중요한 걸 말하면, 저는 그 전화에 그 정도의 돈을 쓰지는 않을 거예요.
- I tell you what, if you finish your homework now, we can play video games for 1 hour.
  자, 이렇게 하자. 지금 숙제 끝내면 1시간 동안 비디오 게임을 할 수 있어.

대화를 하면서 오늘의 표현을 활용해 보세요.

대화문 1

A I want to eat something sweet but can't decide.
뭔가 달콤한 게 먹고 싶은데 결정을 못 하겠어.

B I tell you what, let's go to that new dessert cafe and try their special cake.
이렇게 하면 어때, 저기 새로 오픈한 디저트 카페에 가서 스페셜 케이크를 먹어 보자.

대화문 2

A I don't know how to fix my computer.
내 컴퓨터를 어떻게 고쳐야 할지 모르겠어요.

B I tell you what, how about bringing your computer to my place today?
이렇게 하면 어떨까요. 오늘 내 집에 컴퓨터를 가져올래요?
We can troubleshoot it together.
함께 고쳐봐요.

bonus tip

뭔가 하기 주저되거나 고민될 때, 또는 결정해야 할 때, 주저하지 말고 Okay, I'll tell you what. "좋아요, 그럼 제가 중요한 걸 말할게요."라고 하면서 결정이나 제안을 말해보면 어떨까요?

On a scale of 1 to 10

1에서 10까지라고 봤을 때

미국에서 생활하면서 느끼는 것 중에 하나가 미국 사람들의 의사소통 방식은 아주 직관적이고 공간적으로 한 번 들었을 때 알아듣기 쉽게 말한다는 것인데요, 이 표현도 그 중에 하나입니다.

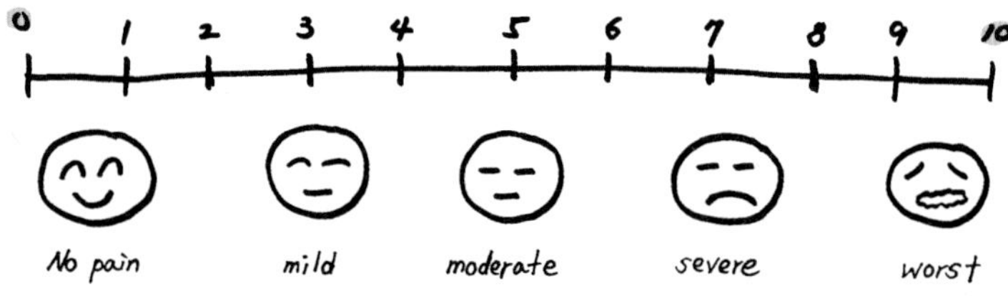

on a scale of 1 to 10

어떤 것의 강도를 "1부터 10까지 척도로 봤을 때 어느 정도입니까?"라고 물어 볼 때 아주 많이 쓰는 표현이에요. **보통 병원에서 간호사나 의사 선생님이 환자에게 아픔의 강도를** "1에서 10까지 볼 때 어느 정도입니까?"라는 의미로, On a scale of 1 to 10, how hard is the pain?이라고 물어 본답니다. **혹은 내가 나의 아픔이나 느낌을 1~10점 까지 중에 몇 점이라고 말할 때**, On a scale of 1 to 10, I think that pain is about 6. "1부터 10까지 아픔 강도가 있다고 할 때 6정도인 것 같아요."라고 말할 수 있어요.

다양한 예문으로 오늘의 표현을 확인해 보세요.

- On a scale of 1 to 10, I give the movie 8.
  1부터 10점 중에서, 나는 그 영화에 8점을 주겠어.
- On a scale of 1 to 10, how would you rate your satisfaction with the service?
  1부터 10점 중에서, 이 서비스에 대한 만족도를 몇 점 주시겠습니까?
- On a scale of 1 to 10, the difficulty of the test was 7 for me.
  10점이 제일 어렵다고 했을 때, 그 시험의 난이도는 나에게 7 정도였다.

대화를 하면서 오늘의 표현을 활용해 보세요.

대화문 1

A On a scale of 1 to 10, how would you rate your pain level now?
1부터 10까지의 척도로 지금 통증은 어느 정도예요?

B I would say it's around 4, but it fluctuates sometimes.
대략 4 정도일 것 같아요. 하지만, 가끔씩 바뀌는 것 같아요.

대화문 2

A On a scale of 1 to 10, how would you rate the taste of the food?
1부터 10까지의 척도로 음식 맛에 몇 점 정도 주시겠어요?

B I'll give 10.
10점을 주겠어요.
The flavors are fantastic, and it's perfectly seasoned.
아주 맛있고 양념이 완벽한 것 같아요.

bonus tip

학교나 직장, 혹은 일상생활에서 어떤 것의 정도를 말할 때, On a scale of 1 to 10, I give my school (my company) 10. "10점 만점에 나는 내 학교(직장)에 10점을 줄 거야."라고 말해보면 어떨까요?

It's a BOGO deal.

1+1 세일행사입니다.

미국에서 식료품이나 옷 등을 쇼핑할 때 **BOGO Sale!**이라고 표시된 경우를 많이 볼 수 있는데요, 이 표현은 **Buy One Get One의 줄임말**이고, 우리 말로 **"1+1 세일"**의 뜻을 갖고 있어요.

buy one "하나 사면", get one "하나를 덤으로 그냥 가져가세요"의 첫 알파벳 BOGO만 따서 쓴 약어라고 볼 수 있어요. 미국에서는 평소에도 많이 볼 수 있지만, 특히 11월 추수감사절 후에 Black Friday에 쇼핑몰에 가면 BOGO라고 쓰여진 포스터를 많이 볼 수 있답니다.

MP3

다양한 예문으로 오늘의 표현을 확인해 보세요.

- This item is a buy one, get one offer on weekends.
  이 상품은 주말에 하는 1+1 행사 제품입니다.
- I always keep an eye out for BOGOs.
  나는 언제나 BOGOs 행사(1+1 행사)를 찾으려고 집중한다.
- Don't miss out on the buy one get one offer at the bookstore now.
  지금 서점에서 진행 중인 하나 사면 하나가 공짜인 행사를 놓치지 마세요.

대화를 하면서 오늘의 표현을 활용해 보세요.

대화문 1

A Did you see the advertisement for the electronics store?
전자제품 가게 광고 봤어요?

B Yeah, I saw that.
네, 봤어요.
They have a buy one get one deal for any smartphone!
스마트폰을 하나 사면 하나가 공짜더라고요!

대화문 2

A Did you check the Black Friday ads for the clothing stores?
옷가게들의 블랙 프라이데이 광고 봤어요?

B Yes, I saw that many of them have buy one get one offers on selected items.
네, 봤어요. 많은 가게들이 몇몇 상품에 대해 '1+1' 행사를 하더라고요.

bonus tip

이제 "1+1 행사" 문구를 보면 이 BOGO 표현을 기억하면서 연습해 보시면 어떨까요? 혹은 친구나 동료에게 1+1 행사에 가자고 말할 때, Let's go shopping for a BOGO deal!이라고 말하면서 같이 쇼핑하러 가면 어떨까요?

Price match

가격 맞춰 주기

바로 앞 표현에서도 잠깐 소개해 드렸듯이, 미국에서는 11월 4째주 목요일에 추수감사절을 지내고 그 주 금요일을 이른바 "블랙프라이 데이"라고 칭하며 많은 상점들이 세일을 해요. 고객 입장에서는 싼 가격에 좋은 물건을 사고 싶은 것이 인지상정이지요? 하지만 많은 상점들이 우후죽순으로 내놓는 상품들의 가격을 일일이 다 모니터링하는 것은 여간 힘든 게 아니랍니다.

자칫하면 더 비싼 가격으로 살 수도 있기에, 이 시기에 사람들은 눈에 불을 켜고 더 싼 가격을 알아보더라고요. 같은 물건을 만약 다른 가게에서 더 싸게 파는 경우, 원래 샀던 가게에 싼 가격으로 할인해 달라고 요청할 수 있는데요, 이때 쓸 수 있는 표현이 **Can you do a price match for this item like OOO store? "이 물건에 대해서 OOO 가게처럼 가격을 싸게 맞춰줄 수 있어요?"**입니다. 미국에서는 여러 상점들이 서로 경쟁을 하기 때문에, 이 "가격 맞춰 주기"제도가 일반화 되어 있는 것 같아요.

다양한 예문으로 오늘의 표현을 확인해 보세요.

- I kindly request a price match for the product.
  나는 그 상품에 대해서 정중하게 가격 매치를 요청했다.
- The electronics store offers a price match guarantee anytime.
  그 전자제품 가게는 언제든지 가격 맞춤 서비스를 제공합니다.
- The customer center accepted my price match request and refunded me $10.
  고객 센터에서 나의 가격 맞춤 요청을 받아들이고 $10을 환불해 주었습니다. .

대화를 하면서 오늘의 표현을 활용해 보세요.

대화문 1

A I found the same computer for a lower price at another store.
다른 가게에서 더 싼 가격으로 같은 컴퓨터를 찾았어요.

B No worries!
걱정 마세요!
Just bring in their advertisement, and we'll do a price match for you.
그 가게의 광고를 가져오시면, 가격을 맞춰 드리겠습니다.

대화문 2

A I'm interested in buying this TV, but I saw a lower price online.
이 TV를 사고 싶지만, 온라인에서 더 저렴한 가격을 봤어요.

B No problem!
걱정 마세요!
Our store has a price match policy.
우리는 가격 맞춤 정책이 있어요.
We'll match the price for you.
그 가격에 맞춰드리겠습니다.

bonus tip

가게나 온라인에서 물건을 샀는데 다른 가게에서 더 싸게 파는 경우, I want to request a price match. "가격 매치를 요청하고 싶어요."라고 말하면 어떨까요?

On the planet

이 지구상에서

어제 셔틀버스를 타고 퇴근하는데, 한 미국인 동료가 본인이 한국에서 4년 동안 일했던 이야기를 꺼냈어요. 셔틀버스 기사 아저씨랑 이야기를 하면서, "한국 음식이 최고"라고 말하더라고요. 그러면서, **이 지구상에서 한국음식보다 더 맛있는 음식은 없다**는 뜻으로 There are no other food better than Korean food on the planet.이라고 말했어요. 버스 운전기사 아저씨는 "진짜? 콜롬비아 음식보다 맛있어?"라고 물었고, 그 동료는 한국 음식이 최고라고 하면서 Korean food is the best ever.라고 했답니다.

planet은 우리가 알고 있듯이, 태양이나 다른 큰 별의 주위를 도는 **"행성"**을 말하는데요, 일반적으로 **on the planet**이라고 하면 **"우리가 살고 있는 이 지구상에서"**의 뜻이 돼요.

MP3

다양한 예문으로 오늘의 표현을 확인해 보세요.

- Mount Everest is the highest peak on the planet.
  에베레스트 산은 지구에서 제일 높은 산입니다.
- The new equipment makes the production process the quickest on the planet.
  새 장비는 생산 절차를 지구상에서 가장 빠르게 만들어 줍니다.
- Our company provides the most innovative business solutions on the planet.
  우리 회사는 전 세계에서 제일 혁신적인 비즈니스 솔루션을 제공합니다.

대화를 하면서 오늘의 표현을 활용해 보세요.

대화문 1

A Have you tried the new pizza restaurant?
새로 오픈한 피자가게에서 먹어 봤어요?

B Yes, their pizza is the best on the planet.
네, 거기 피자는 지구에서 제일 맛있는 것 같아요.

대화문 2

A Have you seen the latest drama?
최근에 나온 드라마 봤어요?

B Absolutely, the plot twists make it the most interesting story on the planet.
당연하죠, 그 반전 요소들이 이 드라마를 세계에서 제일 재미있는 드라마로 만든 것 같아요.

bonus tip

학교나 직장, 일상에서 "우리가 살고 있는 이 지구상에서"라는 말을 하고 싶을 때 가볍게 on the planet을 사용해서 말해보면 어떨까요?

I'll let you know.

알려 줄게.

아주 많이 쓰이는 심플한 패턴으로 **let**은 **"허용하다" allow의 뜻**이고, 중간에 들어가는 **someone**은 "그 사람으로 하여금", **know**는 "알게", 즉 조합하면, "그 사람이 알게 허용하다"는 의미로 "알려 줄게."라는 뜻이 됩니다. 일상에서 아주 많이 쓰이는 말로 you 자리에 me/him/her 등과 같이 다른 사람을 넣어도 돼요. 예를 들어 let me know라고 하면 "나에게 알려줘"의 뜻이 됩니다.

또한, know 자리에 다른 동사를 넣으면 "그렇게 하게 해 주세요"의 뜻이 됩니다. 예를 들어, let me go라고 말하면 "나를 가게 해줘"의 뜻이 되지요.

다양한 예문으로 오늘의 표현을 확인해 보세요.

- Please let me know about the project soon.
  그 프로젝트에 대해서 곧 저에게 말해 주세요.
- Thank you for letting me know.
  알려 주셔서 감사합니다.
- I will let my children do the homework before playing video games.
  아이들이 비디오 게임하기 전에 숙제를 먼저 하라고 할게요.

대화를 하면서 오늘의 표현을 활용해 보세요.

대화문 1

A Are you available for a meeting on Friday?
금요일에 미팅 할 수 있어요?

B After checking my schedule, I'll let you know by tomorrow.
스케줄 확인해 보고 내일까지 알려 줄게요.

대화문 2

A Should I complete the project by myself?
이 프로젝트를 제가 마무리할까요?

B No, let him do it.
아니요, 그 사람이 하게 해주세요.

It's a good opportunity for him to take the lead.
리드해 보는 좋은 기회가 될 거예요.

bonus tip

학교나 회사에서 무슨 일에 대해서 "알려 줄게요."라고 말하고 싶을 때, I'll let you know.라고 말해 보면 어떨까요?

Take your time.

시간을 갖고 여유있게 하세요.

어떤 일을 할 때 늦었거나 시간이 촉박해서 서두르고 허둥지둥할 때, **"괜찮아요, 천천히 시간을 갖고 여유있게 하세요."**의 뜻으로 **It's Okay, take your time, no hurries.**라고 말할 수 있어요. 미국 사람들은 이 말을 들으면 미소와 함께 고맙다고 하면서 주변 눈치를 보지 않고 정말 본인의 페이스(pace) 대로 침착하게 일을 하곤 해요.

MP3

다양한 예문으로 오늘의 표현을 확인해 보세요.

- She took her time before answering the question.
  그녀는 그 질문에 답하기 전에 충분한 시간을 가졌다.
- Don't rush when making a decision, take your time to choose the best option.
  결정을 내릴 때 서두르지 마세요, 시간을 갖고 제일 좋은 선택을 하세요.
- When signing a contract, take your time to ensure the accuracy of the information.
  계약서에 서명할 때, 시간을 갖고 정보가 정확한지 확인하세요.

대화를 하면서 오늘의 표현을 활용해 보세요.

대화문 1

A I'm not sure what gift to buy for my mother's birthday.
어머니의 생신에 어떤 선물을 사야 할지 잘 모르겠어요.

B Take your time.
여유 있게 생각해보세요.
Think about her interests and find something meaningful.
어머니의 관심사를 생각해 보고 의미 있는 선물을 찾아보세요.

대화문 2

A I'm at the car dealership, and there are so many car models to choose from.
자동차 매장에 왔는데, 선택할 수 있는 자동차 모델이 너무 많아요.

B Take your time exploring each model.
시간을 갖고 각 모델을 천천히 살펴보세요.
Think about your needs and preferences.
자동차가 필요한 이유와 선호하는 점들을 생각해 보세요.

bonus tip

여러 가지 이유로 바쁘고 조급할 때, "잠깐, 서두르지 말고 천천히 하자."의 뜻으로 Wait, there's no hurry, take your time!이라고 말하면서 급할수록 돌아가면 어떨까요?

Watch your step.

걸을 때 조심하세요.

저는 출근할 때 아침마다 학교의 셔틀버스를 타는데요, 내릴 때마다 **버스 운전기사 아저씨가 나이스한 목소리로 Watch you step!**이라고 말하면서 내릴 때 조심하라고 말해 주곤 하세요.

이 표현은 두 가지 의미가 있을 수 있어요. 첫 번째는 말 그대로 **"걸을 때 조심하라"**는 뜻으로 미끄러운 길이나 위험한 길을 가는 사람에게 말할 수 있습니다.

두 번째 뜻은, **"행동을 조심하라"**라는 뜻으로 상황에 따라 다르게 쓸 수 있어요. 오른쪽 두 번째 예문을 한번 봐주세요.

MP3

다양한 예문으로 오늘의 표현을 확인해 보세요.

- It's snowing outside, watch your step.
  밖에 눈이 오네요. 조심하세요.
- You'll have to watch your step if you want to keep your job.
  그 직업을 계속 유지하고 싶다면, 행동을 조심해야 할 거예요.
- Be sure to watch your step when walking on an uneven street.
  평평하지 않은 길을 걸을 때, 발을 조심하세요.

대화를 하면서 오늘의 표현을 활용해 보세요.

대화문 1

A We're hiking on a trail with a lot of rocks.
우리는 바위가 많은 산길을 등반하고 있어요.

B Watch your step, especially on the rocky parts to avoid slipping.
특히 바위가 많은 부분에서는 미끄러지지 않도록 발을 조심하세요.

대화문 2

A The stairs are a little bit slippery today.
계단이 오늘은 조금 미끄러워요.

B Watch your step to avoid any accidents.
사고 나지 않게 걸을 때 조심하세요.

bonus tip

눈이 오거나 길이 험할 때 친구나 동료에게 Watch your step. "걸을 때 조심해."라고 말하면 어떨까요?

Speak of the devil.

호랑이도 제 말 하면 온다.

이 표현은 제가 중학생 때 외웠던 표현같은데요, 얼마 전에 제가 사는 아파트의 Leasing Office(아파트 관리실 – 아파트 계약/수리 등을 담당하는 곳)에서 일하고 있는 친한 직원이 한 말이에요.

리싱 오피스 옆에 피트니스 센터가 있어서 운동을 하다가 오피스로 연결되는 문이 잠겨 있길래, 왜 잠겼냐고 물어 봤더니 그날 저녁에 어떤 팀에게 리싱 오피스 공간을 행사하라고 빌려 주기 때문에 잠가 두었다고 했어요. 연말 파티하는 팀이 곧 올 거라고 말하고 있었는데요, **그 때 마침 그 사람들이 문을 열고 들어왔어요.**

그때 직원은 씨익 웃으면서, **Here they come, speak of the devil haha.** "**지금 왔네, 호랑이도 제 말 하면 온다더니 하하.**"라고 말했답니다. 한국에서는 "호랑이"로 표현하지만 미국에서는 devil "악마"로 표현하는 점이 비교되며 재미있는 것 같아요.

다양한 예문으로 오늘의 표현을 확인해 보세요.

- Well, speak of the devil! We were just talking about you!
  와, 호랑이도 제 말 하면 온다더니! 우리 방금 너에 대해 말하고 있었어!
- Mark walked into the room when we were talking about him. Speak of the devil!
  우리가 마크에 대해 말하고 있을 때, 딱 마크가 방에 들어왔어요. 호랑이도 제 말 하면 온다더니!
- I was just talking about Mary, and then she called me. Speak of the devil!
  메리에 대해서 이야기 하고 있었는데, 마침 메리가 전화를 했어요. 호랑이도 제 말 하면 온다더니!

대화를 하면서 오늘의 표현을 활용해 보세요.

대화문 1

A I haven't seen Jessica in ages.
제시카 씨를 못 본 지 오래된 것 같아요.

B Well, speak of the devil!
와, 호랑이도 제 말 하면 온다더니.

There she is, entering the cafe.
지금 제시카 씨가 카페 안으로 들어오고 있어요.

대화문 2

A I was just talking about finding a new job with my friend.
저는 방금 친구와 새로운 직장을 찾는 이야기를 하고 있었어요.

B Really?
정말요?

Speak of the devil.
호랑이도 제 말 하면 온다더니.

There's a job fair next week.
다음 주에 직업 박람회를 하더라고요.

bonus tip

일상에서 "호랑이도 제 말 하면 온다더니."라는 말을 하고 싶을 때, Wow, speak of the devil!이라고 말해 보면 어떨까요?

Time flies.

시간 참 빨리 가네.

우리말로 "쏜살같이 시간이 빨리 갔다"라는 표현과 일맥상통하는 표현으로, 직관적으로 "시간이 날아갔다" 즉, "시간 참 빨리 갔다"라는 의미예요.

학교에서 학기말이나 연말이 되었을 때, **Wow, it's already the end of the semester, time flies.** **"와~ 벌써 학기말이네, 시간 참 빠르다."**라고 말할 수 있어요. 한국말과 거의 똑같이 시간이 빨리 지나가서 좋은 감정을 말할 때도 쓰고, 아쉬운 감정을 말할때도 맥락에 맞게 쓸 수 있습니다.

MP3

다양한 예문으로 오늘의 표현을 확인해 보세요.

- People say time flies when they are having fun.
  사람들은 즐거운 시간을 보낼 때 시간이 빨리간다고 한다.
- My parents said time flies on their 20th wedding anniversary.
  부모님은 결혼 20주년 기념일에 시간이 참 빨리 간다고 말씀하셨어요.
- Looking back on our high school life, time flew.
  우리 고등학교 시절을 되돌아보면, 시간이 훅 지나갔어요.

대화를 하면서 오늘의 표현을 활용해 보세요.

대화문 1

A Can you believe it's been a year since we started working in this company?
우리가 이 회사에서 일하기 시작한 지 벌써 일 년이 됐다는 걸 믿을 수 있어요?

B Yeah, time flies when you're enjoying your job.
네, 일이 즐거울 때는 시간이 빨리 지나가더라고요.

대화문 2

A Do you remember when we first moved into this apartment?
우리가 이 아파트에 처음 이사 왔을 때 기억나요?

B Yeah, time flies.
네, 시간이 빨리 갔네요.
It feels like just yesterday, and now it's been three years.
마치 어제 같은 느낌인데, 벌써 삼 년이 됐어요.

bonus tip

일상에서 시간이 정말 빨리 지나갔을 때, Wow, time flies!라고 말해 보면 어떨까요?

Hit the road

여행을 시작하다

직역하면 "**길을 때리다**" 정도로 볼 수 있겠지만, 의역하면 "여행을 시작하다", "길을 떠나다"의 의미가 됩니다.

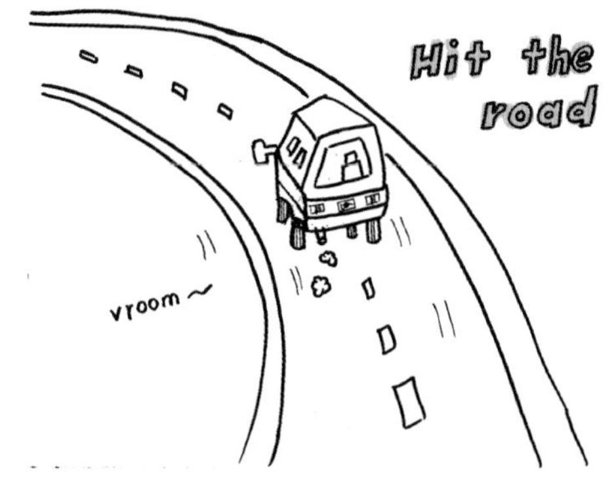

특히 미국에서는 가족이나 개인 단위로 본인의 차를 가지고 다른 주(State)를 넘나드는 장거리 자동차 여행(Road Trip)을 많이 하는데요, 이 때 Let's hit the road. "**자 이제 여행을 시작하자.**"라고 말하며 출발하곤 해요.

저희 가족도 로드 트립을 자주 하는 편인데요, 짧은 여행은 편도로 9시간 정도 걸리는 여행들을 했었고요, 긴 로드 트립은 편도로 2박 3일동안 내내 운전만 한 경험도 있어요. 미국이 땅이 정말 커서 그랬던 것 같기도 해요.

로드 트립 전에 준비해야 할 체크리스트를 다룬 책들이나 유튜브 영상도 많이 있어서 출발하기전에 참고했었어요. 주로 아이들의 간식과 오락거리를 준비해야 한다는 내용이 많았고 100% 공감합니다.

MP3

다양한 예문으로 오늘의 표현을 확인해 보세요.

- I love to stay longer, but I must be hitting the road.
  여기에 더 오래 머물고 싶지만, 이제 길을 떠나야 할 것 같아.
- My friend decided to hit the road early in the morning.
  내 친구는 아침 일찍 출발하기로 결심했다.
- The rock band is ready to hit the road for the next city on their concert tour.
  그 록 밴드는 콘서트 일정에 따라 다음 도시로 떠날 준비가 되었다.

대화를 하면서 오늘의 표현을 활용해 보세요.

대화문 1

A Are you ready for the weekend road trip?
주말 로드 트립 준비됐어요?

B Yes! Let's pack up and hit the road early tomorrow morning.
네! 짐을 싸고 내일 아침 일찍 출발해요!

대화문 2

A What time should we leave for the amusement park tomorrow?
내일 놀이공원에 몇 시에 출발하면 될까요?

B I think 7 am would be good, because we should hit the road before the crowds arrive.
아침 7시가 좋을 것 같아요. 다른 사람들이 오기 전에 출발하는 게 좋겠어요.

bonus tip

일상에서 자동차로 여행을 갈 때, Let's hit the road. "자, 이제 여행을 시작하자."라고 외치면서 자동차 액셀을 밟아보면 어떨까요?

Sleep tight.

푹 잘 자세요.

이 표현도 미국에서 자주 쓰는 표현인데요, 저는 처음에 이 표현을 들었을 때 Sleep tight? "빡빡하게 자라고?"라고 이해해서 의아했었어요. 하지만 tight의 뜻에 solid, soundly라는 의미가 있어서 "충분히, 잘"이라는 뜻이 있고, 그 뜻으로 **"푹 잘 자세요."**라는 의미로 **Sleep tight.**이라고 말할 수 있다고 해요.

Good night(굿 나잇)의 뒷 부분 '나잇'과 라임을 맞추려고 Sleep tight(슬립 타잇)의 뒷 부분을 '타잇'이라고 말하게 되었다고 합니다.

"좋은 밤, 잘 자라, 내일 아침까지."라는 표현으로 Good night, sleep tight, till morning light.이라고 표현하기도 하며, 주로 부모님들이 아이들에게 밤에 잘 자라고 인사할 때 씁니다.

MP3

다양한 예문으로 오늘의 표현을 확인해 보세요.

- Good night. Sleep tight.
  굿 나잇, 푹 잘 자요.
- Sleep tight, and I'll see you in the morning.
  잘 자요, 내일 아침에 봐요.
- Lock up and sleep tight.
  문 잘 잠그고 잘 자요.

대화를 하면서 오늘의 표현을 활용해 보세요.

대화문 1

A Tomorrow is a big day.
내일은 중요한 날이네요.

B You're right.
맞아요.
Let's get some rest.
이제 쉽시다.
Sleep tight!
푹 잘 주무세요!

대화문 2

A It's been a long day today.
아주 긴 하루였어요.

B True.
맞아요.
Sleep tight and recharge for tomorrow.
푹 잘자고 내일을 위해 재충전하세요.

bonus tip

아이들이나 가족들에게 "잘 자라."라고 말할 때, Sleep tight.라고 다정하게 말해 보면 어떨까요?

It's up to you.

편하게 선택하세요.

이 표현도 미국에서 아주 많이 쓰는 표현인데요, 어떤 일을 결정하거나 선택할 때 말 그대로 "선택은 당신에게 달려 있습니다."의 의미로 It's up to you.라고 말하곤 해요. 여기서 it은 이 상황에서 중요한 선택권/결정권을 말하고 up to you는 "당신에게 달려있습니다"의 뜻이지요.

예를 들어, 자동차를 사면서 어떤 옵션을 넣고 싶은지 결정할 때나, 혹은 아파트 계약을 할 때 몇 개월 동안 살 것인지 등을 결정해야 할 때를 생각해 볼 수 있어요. 그 때 자동차 판매 직원(A car dealer)이나 아파트 사무실 직원(A leasing office staff)은 종종 **Take your time, it's up to you.** "**시간을 갖고 천천히 생각해 보세요, 편하게 선택하시면 됩니다.**"라고 말하곤 하더라고요. 표현의 마지막에 있는 you를 다른 대상으로 바꿀 수도 있어요. 예를 들어, "**선택은 그녀에게 달려 있습니다.**"라고 말하고 싶다면 어떻게 바꾸면 될까요? 맞아요, **It's up to her.**라고 말하면 된답니다.

MP3

다양한 예문으로 오늘의 표현을 확인해 보세요.

- Do you want to stay or go? It's up to you.
  여기에 더 있고 싶어요, 가고 싶어요? 당신의 선택에 달려 있어요. (편하게 선택하세요.)
- My father always told me, "how to live is always up to you."
  아버지는 항상 말씀하셨어요, "살아가는 방법은 항상 네게 달려 있단다."
- Between buying or leasing a car, it's up to you. Take it easy.
  차를 사거나 리스하거나, 그건 네 마음대로야. 편하게 선택해.

대화를 하면서 오늘의 표현을 활용해 보세요.

대화문 1

A Should I follow the recipe exactly or can I add my own spices?
레시피를 정확히 따라야 할까요, 아니면 제 마음에 드는 향신료를 추가해도 될까요?

B It's up to you.
하고 싶은대로 해도 돼요.
Feel free to experiment and make it your own.
자유롭게 실험하고 자기만의 요리를 만들어 보세요.

대화문 2

A I'm struggling between the two options for the project.
프로젝트 두 옵션 사이에서 고민 중이에요.
What do you think?
어떻게 생각하세요?

B Well, it's up to you.
음, 그건 당신에게 달려 있어요.
Consider the pros and cons[1] and choose what feels right.
장단점을 생각해 보시고 좋은 것을 선택하세요.

bonus tip

1 Pros and cons : 장단점

2 일상에서나 비즈니스 상황에서 어떤 결정을 할 때 선택권이 다른 사람에게 달려 있고 편하게 선택하라는 의미로 It's up to you.라고 말하면 어떨까요?

Easier said than done.

말하기는 쉽지요.

우리말과 거의 1:1로 매치되는 표현으로 done "직접 하는 것"보다 said "말하는 것"이 easier "더 쉽다"의 뜻으로, 말하기는 쉽겠지만 하기는 어렵다는 의미입니다.

일상이나 학교에서 직접 실행하는 것보다는 말만 많이 하는 사람이 있거나, 실행하기 전에 너무 큰 계획을 세우고 있을 때 말할 수 있는 표현이지요. 이론적으로는 **좋은 아이디어이지만 실행하기에는 어렵다**는 뜻도 포함하고 있어요.

MP3

다양한 예문으로 오늘의 표현을 확인해 보세요.

- Avoiding mosquito bites is easier said than done.
  모기에게 물리는 것을 피하는 것은 이론적으로는 쉽지만 실제로는 어렵다.
- Getting over a breakup is easier said than done.
  이별을 극복하는 것은 말로는 쉽게 할 수 있지만, 실제로 하는 것은 어렵습니다.
- Working out every day is easier said than done.
  매일 운동하는 것은 말하기는 쉽지만 실행하는 것은 어렵습니다.

대화를 하면서 오늘의 표현을 활용해 보세요.

대화문 1

A I'm planning to start a new diet and exercise every day.
새로운 다이어트를 시작하고 매일 운동할 계획이에요.

B That's great!
좋아요!
Just remember, sticking to the plan is easier said than done.
다만 계획을 지키는 게 말처럼 쉽지 않다는 걸 기억하세요.

대화문 2

A I want to write a book this year.
나는 올해 책을 한 권 쓰고 싶어요.

B Excellent goal!
훌륭한 목표에요!
Writing consistently is easier said than done, though.
하지만 꾸준히 쓰는 것이 말처럼 쉽지만은 않아요.

bonus tip

일상에서 아이디어는 좋지만 실행하기에는 무리이거나 어려운 일이 있다면, It's easier said than done.이라고 말하면 어떨까요?

I got cold feet.

그걸 하는 게 두려워졌어.

직역하면 "차가운 발을 가지게 되었다"의 뜻인데요, 의미는 어떤 일을 하기에 앞서 걱정이 되어, 하기 싫어지고 두려워졌을 때를 일컫는 말이에요. 예를 들어, when a long-term commitment is required, 즉, 앞으로 해야 할 일이 아주 오랜 기간 기여해야 하는 일이거나 아주 큰 계획일 때, 그것을 앞에 두고 "아 잘 안될 것 같은데…"라는 마음이 들 때 쓰는 표현이에요.

보통 미국에서는 결혼을 앞두고 "이 결혼을 하는 게 맞나…" 싶은 마음이 들 때, 이 cold feet 표현을 써요. 또한, 다른 일들을 하기 전 상황에서도 뭔가 하기 찜찜하고 두려운 마음이 생길 때 **I got cold feet.**이라고 말합니다.

 다양한 예문으로 오늘의 표현을 확인해 보세요.

- I was trying bungee jumping, but I got cold feet.
  번지 점프를 하려고 했는데, 갑자기 두려워졌다.
- On the day of the audition, he suddenly got cold feet and considered canceling.
  오디션 당일에 그는 갑자기 두려운 마음이 들어서 취소할까 생각했다.
- The bride got cold feet as the wedding approached.
  신부는 결혼이 가까워짐에 따라 신경이 곤두서며 결혼이 망설여졌다.

 대화를 하면서 오늘의 표현을 활용해 보세요.

대화문 1

A The deadline is approaching, and I'm getting cold feet.
마감일이 다가오고 있어요. 잘 하고 있는 건지 모르겠어요.

B Take a deep breath and do it.
깊게 숨을 들이마시고 해보세요.

You've got this!
할 수 있어요!

대화문 2

A I signed up for the talent show, but now I'm getting cold feet.
장기자랑에 등록했지만, 걱정이 돼요.

B Don't worry, everyone is cheering for you.
걱정 마세요. 모두 당신을 응원하고 있어요.

bonus tip

어떤 일이나 프로젝트를 하기 직전에 갑자기 "이걸 하는 게 맞나...?"라고 생각되는 감정이 들 때, I'm getting cold feet.이라고 말하면서 이 표현을 기억해 보면 어떨까요?

You get what you pay for.

싼 게 비지떡이다.

오늘의 표현도 한번 들으면 직관적으로 이해할 수 있는 표현인데요, 의미를 먼저 보면, **you get "여러분은 갖게 됩니다"**, **what you pay for "여러분이 지불한 것을"**이 됩니다. 직역하면 "지불한 것을 갖게 된다"가 되죠. 즉, 비싸게 주고 산 물건은 퀄리티가 좋고, 싸게 주고 산 물건은 퀄리티가 낮다는 의미를 갖고 있습니다. 우리 나라 속담 "싼 게 비지떡이다."와 일맥상통하는 표현이에요.

미국에서는 자동차가 생활 필수품이라 많은 사람들이 새 차 혹은 중고차를 사는데요, 싼 가격의 차를 사고 고장이 잦거나 수리를 하는 일이 많이 발생하면, 미국 친구들은 See, you get what you pay for. "거봐, 싼 게 비지떡이라고 했지." 라고 말하곤 해요. 그럼 예문들을 보면서 오늘의 표현을 연습해 보아요.

MP3

다양한 예문으로 오늘의 표현을 확인해 보세요.

- My friend bought the cheapest used car and ended up with a lot of things to repair. You get what you pay for.
  내 친구는 제일 저렴한 중고차를 샀는데, 너무 많은 수리 비용이 나왔다. 싼 게 비지떡이라고 하더니.
- I used a cheaper sauce for this pizza, and it tastes awful. You get what you pay for, I learned a lesson!
  싼 소스로 피자를 만들었더니, 맛이 정말 이상하네. 싼 게 비지떡이라고 하더니, 정말 그렇구나!
- We bought the budget airline ticket for a cheaper price, but the seat was very tight. You get what you pay for, indeed.
  저렴한 항공권을 샀는데, 자리가 정말 좁았어요. 싼 게 비지떡이라고 하더니, 정말 그렇더라고요.

대화를 하면서 오늘의 표현을 활용해 보세요.

대화문 1

A Oh, I went to the discount hair salon yesterday, and my hair is a mess!
어제 저렴한 미용실에 갔는데, 머리가 엉망이 됐어요.

B I heard that it was so cheap, but not the best service.
그 가게가 정말 싸다고 들었지만, 실력은 안 좋나 봐요.

You get what you pay for, I guess.
역시 싼 게 비지떡인 것 같아요.

대화문 2

A This beach house was worse than expected.
그 비치하우스는 기대했던 것보다 정말 실망이었어요.

It was cheap, but it looked great on their website.
가격도 싸고, 홈페이지 사진에서는 멋져 보였는데 말이에요.

B Exactly! Next time, let's check other places with more realistic price ranges.
맞아요! 다음에는 더 현실적인 가격대의 장소를 알아봅시다.

You get what you pay for, unfortunately.
안타깝지만 싼 게 비지떡이라는 말이 맞네요.

bonus tip

가격이 싼 물건과 조금 비싼 물건 중에서 고민할 때, you get what you pay for. "싼 게 비지떡이지." 라고 말하면서 이 표현을 연습해 보면 어떨까요?

Up in the air

아직 확실하지 않은

이 표현은 단어 하나하나가 직관적으로 알 수 있는 표현이지요? up in the air "공중에 떠 있다"로 직역할 수 있듯이, **어떤 사안이나 결정 대상들이 결정되지 않고 보류 중에 있다는 뜻**이에요.

보통 스케줄 등이 아직 결정되지 않았을 때 말하는데요, 최근에 제가 일하고 있는 우리 부서에서 다음 학기 일정을 결정할 때, 직원들이 **Spring schedule is still up in the air yet. "봄 학기 일정은 아직 결정 안 됐어."**라고 말했어요.

MP3

다양한 예문으로 오늘의 표현을 확인해 보세요.

- The whole plan of the project is still up in the air.
  이 프로젝트의 전체 계획은 아직 확실히 모르겠어요(결정되지 않았어요.).
- Who's going to take the project is still up in the air.
  그 프로젝트를 맡을 사람은 아직 미정이에요.
- The dates for our next vacation are still up in the air.
  우리의 휴가 날짜는 아직 정해지지 않았어요.

대화를 하면서 오늘의 표현을 활용해 보세요.

대화문 1

A Have you decided the days of your yoga classes?
요가 수업에 갈 날짜들을 결정했어요?

B I'm still working on it.
아직 확인하고 있어요.
My next month's schedule is still up in the air.
다음달 스케줄이 아직 안 나와서요.

대화문 2

A Did you hear when the test schedule will be posted?
시험 일정이 언제 공지될지 들었어요?

B Not yet. It's still up in the air.
아니요. 아직 미정이래요.

bonus tip

어떤 일들을 계획하고 추진할 때 아직 결정 전이라면, That plan is still up in the air.라고 말하면 어떨까요?

We're in the same boat.

우린 같은 처지야.

한국어에서도 자주 쓰는 표현으로 **"같은 처지에 있다"**의 의미로 쓰이고요, 단어들 그대로 직역해도 뜻이 통하는 아주 쉽고 간편한 표현이에요. 미국 일상에서도 자주 쓰이는데요, **보통 곤란한 처지나 어려운 상황에 놓였을 때** 이 표현을 말해요.

예를 들어, 미국에서 DMV(Department of Motor Vehicles 자동차등록센터 – 운전면허증이나 자동차 번호판을 받는 곳)에 일을 보러 가면, 대부분의 사람들이 아주 오래 기다리는 상황을 겪게 돼요. 온라인 예약시스템이 갖춰진 곳도 있지만, 그렇지 않은 곳에서는 새벽 5~6시부터 일찍 와서 센터가 문을 열기 전에 줄을 서는 곳도 있어요.

한번은 온라인으로 예약을 했는데 시스템 고장이라면서 그냥 온 순서대로 기다리라고 안내 받은 적이 있었는데요, 뒤에 서 있는 한 미국 사람이 **Yeah, that happened to me as well. We're in the same boat, my friend. "그래, 나도 그랬어. 우리는 같은 배를 탄 거야, 친구."** 라고 말하면서 같이 웃어 넘겼었지요.

MP3

다양한 예문으로 오늘의 표현을 확인해 보세요.

- My friend always complains about not having enough money, but we're in the same boat.
  내 친구는 항상 돈이 모자란다고 불평해요, 하지만 우리는 실은 같은 처지입니다.
- I heard that you're struggling with your math problem, but we're in the same boat.
  수학 문제가 어려워서 고생하고 있다고 들었어요, 저도 같은 처지예요.
- Despite the challenges, we'll find a solution since we're all in the same boat as a team.
  어려운 일들에도 불구하고, 우리는 같은 팀으로 한 배에 타고 있으니까 함께 해결책을 찾을 거예요.

대화를 하면서 오늘의 표현을 활용해 보세요.

대화문 1

A I'm struggling to balance my studies and part-time job.
학업과 아르바이트를 병행하니까 힘들어요.

B It's tough, but remember, we're in the same boat.
맞아요, 힘들어요. 하지만 우리는 같은 처지라는 걸 기억해요.
Let's get through it together.
함께 이겨냅시다.

대화문 2

A The economic situation is very hard for everyone.
요즘 경제 상황이 정말 힘들어요.

B True, we're in the same boat.
맞아요, 우리 모두 힘들어요.
We'll navigate these challenges together.
같이 힘내서 이 난관을 잘 이겨내 봅시다.

bonus tip

동료나 친구와 함께 비슷한 처지에 놓였을 때, We're in the same boat.라고 말하면서 서로를 위로하고 다시 힘을 내 보면 어떨까요?

Give a nudge

신호/리마인더를 주다

일상에서 친구나 동료가 어떤 일을 할 차례가 되었는데 깜박하고 있을 때 elbow(팔꿈치)로 툭툭 치면서 신호를 줘 본 적이 있을 것 같아요. 이 상황처럼 다른 사람에게 "무언가를 해야 할 시점이야.", "이걸 지금 하는 게 좋겠어.", "이거 지금 해야 하는 거 알지?" 정도의 신호나 리마인더를 주는 것을 give (someone) a nudge라고 말해요. 깜박 잊은 상황에서도 쓸 수 있고, 뭔가를 하기 두려워하거나 망설이고 있는 상대에게 "한번 해봐, 잘될 거야"라는 응원과 격려의 의미도 담고 있어요.

미국 일상에서도 자주 쓰이는데요, 얼마 전에 우리 부서에서 교수 회의를 할 때, 한 교수님이 본인의 발표 시간인데 깜박하고 다른 일을 하고 있을 때, 한 동료가 팔꿈치로 치면서 발표 할 시간이라고 알려 주었어요. 이 상황을 보고 동료들이 **She gave him a nudge to do his presentation.** "**교수님한테 발표할 시간이라고 신호를 주더라.**"라고 말했지요.

MP3

다양한 예문으로 오늘의 표현을 확인해 보세요.

- Kelly is a good student, but sometimes I need to give her a little nudge to do her homework.
  켈리는 우수한 학생이다. 하지만 가끔은 숙제를 하라고 작은 신호를 줘야 한다.
- My friend gave me a nudge to ensure I stayed on track with my homework deadline.
  내 친구는 내가 숙제 마감일을 잘 지키도록 나에게 알려 주었다.
- I will give a nudge to a friend about the upcoming job opening.
  다가오는 채용 소식에 대해 친구에게 알려주려고 합니다.

대화를 하면서 오늘의 표현을 활용해 보세요.

대화문 1

A I'm thinking of adopting a healthier lifestyle, but it's hard to break old habits.
더 건강하게 살려고 생각 중인데요, 습관을 고치기가 어렵네요.

B That's a great decision!
좋은 결정이에요!

I'll give you a nudge to make small changes every day.
매일 작은 변화를 만들 수 있도록 제가 격려의 리마인더를 해드릴게요.

대화문 2

A Mike is interested in joining the fitness center but hasn't taken the first step.
마이크는 휘트니스 센터 가입에 관심이 있지만, 시작을 하지 않고 있어요.

B I'll give him a nudge to sign up and be part of the well-being community.
제가 마이크에게 가입하고 웰빙 커뮤니티의 일원이 되라고 독려할게요.

bonus tip

일상에서 친구나 동료에게 격려의 리마인더 신호를 줄 때, I'll give him/her a nudge to follow up on the project. "그 프로젝트에 대해서 조치해달라고 그 사람에게 리마인더를 줄게."라고 말하면서 이 표현을 사용해 보면 어떨까요?

Right off the bat

즉시, 처음부터

일상에서 아주 많이 쓰는 표현으로 immediately와 같은 뜻인 "바로 즉시, 처음부터"라는 뜻이에요. 야구 게임에서 유래했다고 하는 이 표현은, 타자가 공을 친 직후에 지체하는 시간 없이 바로 1루로 뛰어가야 하는 상황에서 유래했다고 해요.

단어를 하나씩 보면, bat "야구 방망이"와 off "벗어나다", 두 단어가 결합해서 **"공이 야구 방망이에서 벗어나자마자 즉시"**의 뜻이 됩니다. 또한 같은 맥락으로 "제일 처음 시작할 때부터 즉시"라는 뉘앙스도 포함하고 있어요.

다양한 예문으로 오늘의 표현을 확인해 보세요.

- After the hard training, right off the bat, I saw improvements in my performance.
  힘든 훈련 직후부터 제 성과가 개선되는 걸 보았습니다.
- When I bought this smartphone, right off the bat, I felt this is a user-friendly device.
  이 스마트폰을 샀을 때, 처음부터 사용자가 쓰기 편한 기기라고 느꼈다.
- I learned right off the bat that I can't guarantee anything in business.
  나는 즉시 비즈니스에서는 어떤 것도 100% 확신할 수 없다는 것을 깨달았다.

대화를 하면서 오늘의 표현을 활용해 보세요.

대화문 1

A How did your family like your new pie recipe yesterday?
어제 새로운 파이 레시피에 대한 가족들의 반응이 어땠어요?

B Excellent!
최고였어요!
Right off the bat, they loved it.
처음부터 가족들이 좋아하더라고요.

대화문 2

A We have an urgent project to finish.
빨리 처리해야 할 긴급 프로젝트가 있어요.

B No problem, right off the bat, let's focus on the most critical tasks.
문제 없어요, 일단 바로 가장 중요한 작업에 집중합시다.

bonus tip

일상에서 무언가를 즉시 해야 할 때, We need to get it done right off the bat.이라고 말하면서 이 표현을 써 보면 어떨까요?

Pay the price

대가를 치르다

이 표현도 일상에서 자주 쓰는 표현인데요, 조금 자중하게 하는 뜻을 갖고 있는 것 같아요. 우리가 인생을 살면서 실수를 하거나 잘못된 것을 알면서도 "에이, 기분인데 그냥 해~."라고 말하고 해버리는 경우가 가끔 있잖아요. 특별히 큰 일들이 아니라도 사소하게, 예를 들어, **밤 늦게 라면 먹는 것은 몸에 안 좋은 것을 알고 있지만 라면은 맛있고 지금의 행복을 위해 "뭐 그냥 먹어버리자."라고 생각하고 먹는 경우**도 가끔 있지요.

이런 경우, 다음날 얼굴이 붓거나 몸이 찌뿌둥한 경우가 있는데요, **이렇게 뭔가 내가 잘못한 경우에 대한 나쁜 결과를 받아들일 때,** 내가 했던 실수나 잘못에 대한 대가를 치른다는 뜻으로 I'm paying the price. "(어제 한 잘못된 결정에 대한) 대가를 치르는 중이야."라고 말할 수 있어요.

다른 예로는 드라마나 유튜브 비디오가 너무 재미있어서 밤 늦게까지 본 경우, 다음 날 아주 피곤하고 컨디션이 안 좋을 수 있지요. 이 때 친구가 "야, 너 왜 이렇게 피곤해 보여?"라고 물어 볼 때, **I watched drama too long last night, until 2 am. I'm paying the price now. "어제 드라마를 너무 오래 봤어, 새벽 2시까지 본 것 같아. 지금 그 대가를 치르는 거지 뭐."**라고 말할 수 있어요.

MP3

다양한 예문으로 오늘의 표현을 확인해 보세요.

- Because I didn't study before the exam, I paid the price by having a lower grade.
  시험 공부를 안 해서, 낮은 점수를 받는 대가를 치렀다.
- Skipping stretching before weight training made me pay the price with muscle soreness later.
  웨이트 트레이닝 전에 스트레칭을 안 했더니, 나중에 근육통으로 그 대가를 치러야 했습니다.
- If you don't take care of your body now, you'll pay the price later.
  지금 건강을 관리하지 않으면, 나중에 대가를 치르게 될 겁니다.

대화를 하면서 오늘의 표현을 활용해 보세요.

대화문 1

A I heard that you had a party until late last night.
어제 밤 늦게까지 파티했다고 들었어.

B Yeah, I had a great time, but I'm paying the price now.
맞아, 재밌었어. 하지만 지금 대가를 치르고 있어.

I overslept and missed an important class.
늦잠자서 중요한 수업을 놓쳤거든.

대화문 2

A I heard that we need to back up our computer files regularly.
컴퓨터 파일을 정기적으로 백업해야 한다고 들었어요.

B I know, and now I'm paying the price.
알아요, 저는 지금 대가를 치르고 있는 중이에요.

I lost all my important files yesterday.
어제 중요한 파일들 다 날아갔어요.

bonus tip

학교나 직장에서, 혹은 일상에서 실수하거나 나쁜 것을 알면서도 그냥 해 버린 적이 있다면, 그리고 그로 인해 나쁜 결과를 만나게 됐다면, I'm paying the price.라고 말하면서 성찰하고 툭툭 털고 다시 용기를 내면 어떨까요? 나쁜 결과로 그 price를 냈으니, 이제 다시 새롭게 시작하면 되니까 말이에요.

Be you.

있는 그대로 보여 주세요.

이번 표현은 **Be you.** “**자신을 있는 그대로 보여 주세요.**”입니다.

이 표현은 미국에서 인터뷰를 준비하는 친구나 동료를 응원하는 표현이에요. 보통 면접을 앞 둔 사람(candidate)은 긴장하기 마련이잖아요?

면접관에게 더 잘 보이고 싶고, 실수하고 싶지 않은 마음이 크다보니 긴장해서 오히려 더 실수를 할 때가 있지요. 이렇게 안절부절못하는 친구에게 “**야, 너무 걱정하지 말고, 있는 너 자신의 모습을 그대로 솔직 담백하게 보여줘. 뭐 어때.**”라고 위로하면서 응원하는 표현이 바로 이 **No worries, just be you!**입니다.

다양한 예문으로 오늘의 표현을 확인해 보세요.

- Please don't try to imitate others, just be you.
  다른 사람을 따라 하려고 하지 마세요. 자연스러운 본인의 모습을 지키세요.
- It's essential to be you in any situation.
  어떤 상황에서든 본인의 본연의 모습을 유지하는 것이 중요합니다.
- Finding happiness often begins with being you.
  행복을 찾는 것은 종종 자신 스스로의 모습을 지키는 데에서 시작합니다.

대화를 하면서 오늘의 표현을 활용해 보세요.

대화문 1

A I'm so worried about the interview tomorrow.
내일 인터뷰가 너무 걱정돼요.

B No worries, it will be fine.
걱정하지마세요. 괜찮을 거예요.

Just be you.
그냥 있는 자신의 모습을 그대로 보여주세요.

대화문 2

A I'm nervous about my upcoming presentation.
곧 해야 하는 프레젠테이션이 걱정돼요.

B Relax and just be you.
긴장을 풀고 자연스러운 모습을 보여주세요.

Authenticity is important in presentations.
발표에서는 진정성이 중요해요.

bonus tip

인터뷰나 중요한 발표로 걱정하는 친구가 있다면, No worries, be you!라고 말하면서 응원하면 어떨까요?

PART 02

학교/유학생활 직관적 영어 표현

037~063

My takeaway

인상적으로 배운 것

이번 표현은 my takeaway "인상적으로 배운 것"입니다.

예를 들어, **This is my takeaway today.**라고 말하면, "이게 내가 오늘 의미심장하게 배운 점이야."라는 뜻이 돼요. 미국에서 대학생이나 대학원생들이 자주 쓰는 표현이고요, 보통 수업 토론 후나 미팅 후에 "새롭게 알게 된 것이 뭐지?"라는 질문을 할 때 What was your takeaway today? 라고 말할 수 있어요. 답할 때는 My takeaway today is this.라고 말하면서 나의 인상적이었던 일들을 말할 수 있습니다.

지난 주에 제 태권도 수업을 듣는 학생들이 찍기 발차기의 근육 쓰임과 친구들과 하이 파이브 할 때 팔의 움직임을 비교해 보라고 했는데요, 한 학생이 Wow, comparing the axe kick and how we move our arm for a high-five was **a big takeaway for me**.라고 하면서 본인의 인상적인 점을 말하더라고요.

MP3

다양한 예문으로 오늘의 표현을 확인해 보세요.

- My takeaway from the class was that we can always correct our mistakes.
  이번 수업에서 새롭게 배운 것은 우리는 실수를 언제든지 고칠 수 있다는 점이다.
- After the workshop, the students discussed their individual takeaways.
  워크숍 후에 학생들은 각자 새롭게 배운 점에 대해서 토론했다.
- Everyone agreed that the number one takeaway from the seminar was the time management skill.
  모두가 세미나에서의 가장 큰 교훈은 시간 관리 기술이었다고 동의했습니다.

대화를 하면서 오늘의 표현을 활용해 보세요.

대화문 1

A I just finished the last class of the Beginning Computer Coding course.
초급 컴퓨터 코딩 과정의 마지막 수업을 마쳤어요.

B Great! What's the most impressive takeaway you learned?
좋아요! 가장 인상적으로 배운 것은 뭐예요?

대화문 2

A I attended a workshop on writing skills.
나는 글쓰기 기술 워크숍에 참석했어요.

B That sounds wonderful!
좋았겠어요!

What was your main takeaway from the session?
세션에서 배운 의미심장한 교훈은 뭐예요?

bonus tip

미팅에서나 수업, 혹은 인상 깊은 유튜브 비디오 등을 보고 감명 깊게 배운 점이 있다면 My takeaway today was..., 이 표현을 사용해 보면 어떨까요?

Be creative!

창의적으로 해 보세요!

한국에서도 "창의적"이라는 말을 자주 쓰지만, 미국 학생들에게 이 문구는 학생들의 창의성과 자율성을 불러 일으키는 마술과 같은 효과를 주는 것 같아요. 수업 중에 대화 연습이나 짧은 역할극(skit) 활동을 할 때, 기준이 되는 모델 대화문도 있지만, 수업 슬라이드 밑에 Be creative. "창의적으로 해 보세요."라고 쓰면 학생들의 얼굴에 재미있겠다는 표정이 떠오르면서 수업 내용을 수용하는 데만 쓰던 제한적인 뇌 활동을 "이제 내가 한번 만들어 볼까?"라고 하면서 활성화(activate)시키는 느낌이 들기도 해요.

학교에서도 많이 쓰지만 직장이나 일상 생활에서도 **Can we think creatively about this? "우리 이 일을 창의적으로 접근해 볼까요?"**라고도 쓸 수도 있어요.

MP3

다양한 예문으로 오늘의 표현을 확인해 보세요.

- It is important to be creative when solving a complex problem.
  복잡한 일을 처리할 때는 창의적으로 접근하는 것이 중요합니다.
- The freedom to be creative allows for unlimited possibilities.
  창의성의 자유는 무한한 가능성을 가져다 줍니다.
- Please don't hesitate to be creative and think outside the box.
  창의적으로 고정관념에서 벗어나는 것을 주저하지 마세요.

대화를 하면서 오늘의 표현을 활용해 보세요.

대화문 1

A This project is so hard.
이 프로젝트는 너무 어려워.
I don't know how to approach it.
어떻게 접근해야 할지 모르겠어.

B Don't worry.
걱정하지 마.
Let's be creative in tackling it.
창의적으로 해결해 보자.

대화문 2

A We're working on a group project for history class.
우리는 역사 수업을 위한 팀 프로젝트를 하고 있어요.

B Great!
좋아요!
Be creative in presenting your findings.
연구 결과를 발표할 때 창의적으로 접근해 보세요.

bonus tip

어려운 일이나 답답한 일이 있으면 Be creative! "창의적으로 해 보세요, 해 보자!"라고 말하면서 긍정적으로 또 창의적으로 접근해 보면 어떨까요?

Flu shot

독감주사

이번 표현은 **Get a flu shot. "독감 주사를 맞으세요."**예요.

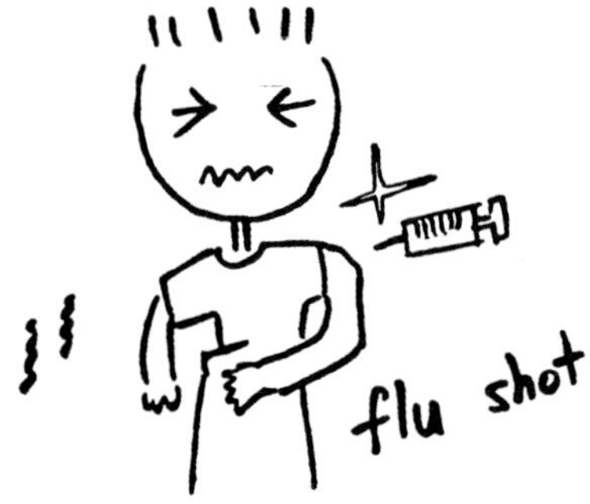

'주사를 영어로 어떻게 말할까?' 하고 생각해 보면 초 · 중학교 때 배웠던 injection이라는 단어가 먼저 생각나는데요, 미국에 와보니 shot이라는 간단한 단어로 표현하고 있었어요. 동사도 take를 쓸 수도 있지만 더 캐주얼한 표현인 get을 써서 Get your flu shot. "독감 주사를 맞으세요."라고 보통 많이 써요. 주사라는 의미로써의 이 shot이란 단어는 미국에서 아이들이 학교에 처음 등록할 때 제출하는 **Shot record**(**예방접종 기록지**)라는 표현에도 쓰인답니다.

저희 아이들이 처음 초등학교에 등록할 때, 혹은 전학 갈 때 Turn in your children's shot record. "자녀들의 예방주사 기록지를 내세요."라고 안내를 받았어요.

MP3

다양한 예문으로 오늘의 표현을 확인해 보세요.

- You should get a flu shot now.
  지금 독감 주사를 맞으세요.
- Did you get your flu shot? I heard that the flu is strong this season.
  독감 주사 맞았어요? 이번 독감이 지독하대요.
- My kids are afraid of getting the flu shot every year.
  우리 아이들은 매년 독감 주사 맞는 걸 무서워한다.

대화를 하면서 오늘의 표현을 활용해 보세요.

대화문 1

A Our school is offering free flu shots next week.
우리 학교에서 다음 주에 무료로 독감 예방 주사를 놔 준대.

Are you taking it?
맞을 거야?

B Yes, I will.
응, 맞을 거야.

Let's get the flu shot together.
함께 독감 예방주사 맞자.

대화문 2

A My child's school requires all students to get the flu shot.
아이 학교에서 모든 학생들에게 독감 주사를 맞으라고 한대요.

What do you think about it?
어떻게 생각하시나요?

B I think it's a good strategy to protect the community.
지역 사회를 보호하기 위한 좋은 전략이라고 생각해요.

bonus tip

독감 시즌이 오면 동료나 친구에게 Did you get a flu shot? "독감 주사 맞았어요?"라고 말해 보면 어떨까요?

Nerve-racking

긴장되고 짜증 나는

이번 표현은 It was nerve–racking. "긴장되고 짜증나는 일이었어."입니다.

어제 출근하는 길에 미국 학생 2~3명이 지나가면서 전날 있었던 취업 인터뷰에 대해서 이야기하면서 **It was nerve-racking. "아~ 정말 긴장되더라."**라고 말하면서 지나갔어요.

이 nerve–racking도 아주 많이 쓰이는 말로써, nerve "신경", racking "파괴되는/스트레스를 주는"의 뜻을 가진 두 단어가 합쳐져서 **"긴장되는, 짜증나는, 스트레스 받는"** 등의 뜻으로 쓰여요.

다른 미국 학생들에게 물어보니, 보통 부정적으로 nervous, anxious의 뜻으로 많이 쓰이지만 아주 가끔 긍정적인 뜻으로 The roller coaster was nerve–racking. "롤러 코스터를 탔는데 긴장이 되었다."라고도 쓸 수 있다고 해요. 하지만 부정적으로 짜증나고 스트레스를 받았다는 의미가 더 강합니다.

MP3

다양한 예문으로 오늘의 표현을 확인해 보세요.

- The driving test was a nerve-racking event.
  그 운전면허 시험은 스트레스 받는 아주 짜증 나는 일이었다.
- It was nerve-racking to wait for the job interview result.
  인터뷰 결과를 기다리는 것은 스트레스를 받는 일이었다.
- The final moments of the soccer match were nerve-racking as the teams were tied.
  두 팀이 동점 상황이라서 그 축구 경기의 마지막 순간들은 정말 긴장됐었어요.

대화를 하면서 오늘의 표현을 활용해 보세요.

대화문 1

A How was your driving test yesterday?
어제 운전 면허 시험 어땠어요?

B It was nerve-racking!
정말 긴장했어요!

I was so anxious while driving.
운전하면서 너무 불안하더라고요.

대화문 2

A How was your piano performance last night?
어젯밤 피아노 연주 잘 됐어요?

B It was nerve-racking being on stage, but I managed to play through it until the end.
무대에서 정말 긴장됐었어요, 하지만 끝까지 잘 연주했어요.

bonus tip

일상에서 신경이 예민해지도록 스트레스를 주거나 힘든 일을 만났을 때, It is a nerve-racking event. "이건 정말 짜증나도록 스트레스를 주는 일이야."라고 시원하게 불만을 해소한 후 마음을 가다듬으면 어떨까요?

Pay it forward.

다른 사람에게 베풀어 주세요.

미국에서 들은 표현 중에서 아주 기분 좋은 표현 중에 하나인데요, 장학금을 받는 자리나 자원봉사를 하는 자리 같은 서로 도움을 주고 받는 상황에서 많이 쓰이는 표현이에요. 뜻은 말그대로 "(다른 사람에게 받은 것을 생각하면서) 다른 사람에게 베풀어 주세요."입니다.

pay는 잘 알고 있는대로 "쓰다, 지불하다"의 뜻이고요, 여기서 **it**이 지칭하는 것은 맥락상 "지금까지 내가 받은 지원이나 도움" 정도의 의미라고 볼 수 있어요. 마지막으로 **forward**는 "앞으로, 미래에, 주변 사람들에게"의 뜻으로 미래지향적인 의미를 담고 있답니다. 다른 사람은 곧 "사회"로도 볼 수 있기에 "사회로의 환원"을 의미하는 느낌도 있습니다.

MP3

다양한 예문으로 오늘의 표현을 확인해 보세요.

- I will try to pay it forward whenever I can.
  기회가 되면 언제든지 나는 다른 사람들을 도울 거야.
- James decided to pay it forward by helping a neighbor with groceries.
  제임스 씨는 이웃의 장보기를 도와줌으로써 다른 사람들을 돕기로 결심했습니다.
- Many successful people often pay it forward through donations.
  많은 성공한 사람들은 종종 기부를 통해 다른 사람들을 돕습니다.

대화를 하면서 오늘의 표현을 활용해 보세요.

대화문 1

A How would you join the community project to help local families in need?
도움이 필요한 가족들을 돕는 커뮤니티 프로젝트에 어떻게 참여하려고 해요?

B I'm planning to pay it forward by volunteering to help with their mealtime.
저는 그 분들의 식사 시간을 도와드리는 자원봉사로 도와드리려고 해요.

대화문 2

A A stranger helped me change my flat tire on the road yesterday.
어제 모르는 사람이 내 바람 빠진 타이어 교체를 도와주었어.

B Wow, you should pay it forward by assisting someone else in need on the road in the future.
와, 너도 나중에 길에서 도움이 필요한 사람을 도와주면 좋을 것 같아.

bonus tip

여러분이 장학금이나, 지원, 기부금 등을 받았을 때 감사의 의미를 전하는 뜻에서 그리고 실제로 다음에 나도 다른 사람을 돕겠다는 의미로 I'll pay it forward. "다른 사람에게 베풀겠습니다."라고 말하면 어떨까요?

학교/유학생활

042

Check out

책을 빌리다

석사과정을 공부하러 처음 미국에 왔을 때 동네 도서관에 갔을 때였어요. 책을 빌리고 싶은데, "빌리다"를 생각해보면 borrow나 rent 단어만 생각이 났었지요. 그런데 미국 현지인들이 I want to check...이라고 하면서 책을 빌려가는 것을 보았습니다. "check? 뭘 확인한다는 거지?"라고 의아해하면서 뭐라고 말하는지 잘 들어보기도 하고 친구들에게도 물어봤어요. 그랬더니 check와 out을 같이 붙여 말하면 "도서관에서 책을 빌려 가다"의 뜻이 된다고 했어요. 즉, Can I check out this book please?라고 말하면 "이 책 빌려가도 돼요?"라는 뜻이 됩니다. 책 서두에서 말씀드렸듯이, 미국에서 자주 쓰이는 표현들은 직관적으로 해석되고 느껴질 때가 많은 것 같아요. 이 check out도 바로 그런 표현이지요. 하나씩 뜯어서 보면, **check**은 "확인하다"의 뜻이고 **out**은 "밖으로 나가다"의 뜻으로 뭔가 **"체크한 다음에 나간다"**로 기억하면 여러 맥락에서 자연스럽게 적용하면서 사용할 수 있답니다.

예를 들어, **도서관**에서 check out은 **"책을 빌리다"**이지만, **마트**에서는 **"물건값을 지불하고 나가다"**가 되고, **호텔**에서는 나갈 때 돈을 내고 모든 걸 다 확인한 후 **"퇴실하다"**가 되며, **초등학교**에서 check out my children이라 하면 아이들을 학교에서 **"픽업하다"**의 의미가 됩니다.

MP3

다양한 예문으로 오늘의 표현을 확인해 보세요.

- No books can be checked out after 9 pm.
  밤 9시 이후에는 책 대출이 안 됩니다.
- Students are encouraged to check out a book from the library each week.
  학생들은 매주 도서관에서 책을 1권씩 빌려 가는 걸 권장 받습니다.
- I decided to check out a book on airplanes to learn about how to make an aircraft.
  저는 비행기를 만드는 법을 배우고 싶어서 비행기에 관련된 책을 빌리기로 했어요.

대화를 하면서 오늘의 표현을 활용해 보세요.

대화문 1

A How long can I check out this book?
이 책을 얼마 동안 빌릴 수 있을까요?

B You can check out a book for 14 days.
14일 동안 빌릴 수 있어요.

대화문 2

A What are your plans for the weekend?
주말에 뭐 할 거예요?

B I'll visit the local library and check out a book that caught my eye last time.
동네 도서관에 가서 지난번에 재밌어 보였던 책을 빌리려고 해요.

bonus tip

여러분이 학교나 직장 도서관에서 책을 빌릴 때, Can I check out this book please? "이 책 빌려도 돼요?"라고 이 표현을 연습해보면 어떨까요?

Hang in there.

버티세요.

일상에서 아주 많이 쓰는 표현인데요, 일이 힘들거나 낮에 피곤해서 공부나 일을 하기 싫고 졸음이 쏟아질 때, 친구에게 조금만 더 참고 버티라는 뜻으로 Hang in there.라고 말할 수 있어요.

hang은 나뭇가지에 대롱대롱 매달려 있는 것을 말하는 동사이고, in there는 "거기에"라는 뜻이지요. 즉, 직역하면 "그 나무를 꽉 잡고 매달려 있어."가 되며, 힘들거나 피곤한 상황을 나무에 매달려 있는 상황으로 비유적으로 표현하면서, 떨어지거나 포기하지 말고 버티라는 뜻으로 쓸 수 있어요.

예를 들어, 미국에서는 11월 첫째 주 주말에 Daylight Saving Time(일명 써머타임) 제도가 해제되면서 시계를 한 시간 뒤로 바꾸는데요, 그래서 몇몇 사람들을 시차가 바뀐 것처럼 피곤해 하기도 해요. **"걱정하지말고 버티면 괜찮아 질거야."**라는 뜻으로 **No worries, hang in there. It's gonna be alright.**이라고 응원해주기도 한답니다. 다른 예로, 낮에 3시쯤 되면 저는 개인적으로 좀 피곤하고 집중도가 떨어질 때가 있어요. 그때마다 제 직장 동료는 항상 저에게 이렇게 말해 줍니다. John, almost there, hang in there. "존, 오늘 거의 다 끝났어, 조금만 더 버텨."

MP3

다양한 예문으로 오늘의 표현을 확인해 보세요.

- Life can be hard, but hang in there.
  인생이 힘들수도 있지만, 힘내세요.
- The final test is tough, but hang in there, it's almost done.
  기말 시험이 어렵지만, 힘내세요. 거의 끝났어요.
- Despite the challenges, she hung in there and eventually achieved success.
  어려움들에도 불구하고, 그녀는 힘들지만 잘 버텼고 결국 성공했습니다.

대화를 하면서 오늘의 표현을 활용해 보세요.

대화문 1

A I am struggling with many issues lately at work.
요즘 직장에 많은 문제가 있어서 힘들어요.

B It sounds tough, but hang in there.
힘들겠네요. 하지만 힘내세요.

You'll be alright.
괜찮아질 거예요.

대화문 2

A I'm so tired, I don't think I can study more for the exam.
너무 피곤해, 시험공부를 더 할 수 없을 것 같아.

B I understand, but hang in there my friend.
이해해, 하지만 힘내고 버티자, 친구야.

Let's get it done together!
함께 해내자!

bonus tip

직장이나 학교에서 동료나 본인 자신이 너무 피곤하고 졸려서 힘들어하고 있을 때, Hang in there, it's almost done. "조금만 더 버텨요, 거의 다 끝났어요."라고 말해주면서 응원해 보면 어떨까요?

Read between the lines

행간의 의미를 읽다

이 표현도 읽는 그대로 이해가 되는 직관적인 표현이에요. **read**는 "읽다", **between the lines** "줄 사이"를, 즉 적혀있는 문장들 혹은 들은 문장들 사이에 숨어있는 진의를 파악한다는 뜻이 되지요.

얼마 전에 학회 일로 한 교수님과 통화할 일이 있었는데요. 이번에 맡은 일이 정책적으로 조금 controversial 할 수 있는 (논쟁의 대상이 되는) 여지가 있어 보여서, "우리 팀에 힘을 좀 실어주세요."라는 뜻으로, Please support our team. 이라고 말씀 드렸었어요. 그랬더니 그 교수님이, Okay, I see, **I can read between the lines.** I'll help your team, no worries.라고 말씀하시면서 "**무슨 말인지 알겠어요.** 잘 지원해 줄게요, 걱정하지 마세요."라고 격려해 주셨어요.

종종 친구들이나 동료들 사이에서 자주하는 말로, "**아~ 네 말이 무슨 뜻인지 알겠다.**"라고 말할 때가 있잖아요? 비슷한 뜻이라고 생각해도 좋을 표현입니다.

MP3

다양한 예문으로 오늘의 표현을 확인해 보세요.

- When our teacher mentioned the announcement, we read between the lines and grasped the importance of it.
  선생님이 그 발표를 언급했을 때, 우리는 행간의 의미를 읽고 그 중요성을 알아차렸다.
- Reading between the lines, it seems that she is happy with the situation.
  행간의 의미를 읽어 보니, 그녀는 그 상황에서 행복한 것 같아.
- Please don't take it literally, please read between the lines.
  말 그대로 받아들이지 마세요. 행간의 의미를 파악해 보세요.

대화를 하면서 오늘의 표현을 활용해 보세요.

대화문 1

A Why did the teacher give us extra assignments?
선생님이 왜 추가 숙제를 내 주신 걸까요?

B We should read between the lines.
행간의 의미를 파악해야 할 것 같아요.
I think there might be a surprise quiz coming up.
곧 서프라이즈 퀴즈가 있을지도 몰라요.

대화문 2

A When I asked Jonathan about the plans for this semester, he didn't seem excited.
조나단에게 이번 학기 계획에 대해 물었을 때, 그렇게 신나 보이지 않았어.

B Oh, we should read between the lines.
아, 우리는 행간의 의미를 파악해야 해.
He might be considering taking a gap year soon.
그는 곧 휴학을 생각하고 있을지도 몰라.

bonus tip

친구나 동료가 한 말을 듣고 "아, 무슨 말인지 알겠다."라고 말하고 싶을 때, Oh, I can read between the lines.라고 말해 보면 어떨까요?

Recess

쉬는 (놀이) 시간

미국에 와서 "아, 이런 단어를 이렇게 쓰는 구나, 내가 알고 있던 것과 다르구나..."라고 느낀 단어들이 참 많은데요, 그 중에서 대표적인 것이 recess예요. 미국에서는 recess 단어를 들으면 제일 먼저 떠오르는 생각은 **초·중·고등학교에서 아침이나 식사 시간 후에 약 20분 정도 가지는 놀이 시간**입니다. 즉, 한국의 예를 들어보면 학교 점심 시간에 운동장에서 축구하거나 친구들하고 수다를 떠는 시간, 그런 시간이 recess라고 보면 돼요. 참고로 제가 중학교 때 외웠던 recess의 뜻은 "의회의 휴회"로만 외웠기 때문에 연결이 안 되었었던 것 같아요. 다시 돌이켜 생각해보니 의회의 휴가도 이해가 될 것 같기도 한데요, 왜냐하면 어떤 상황에 있건 recess는 **"지금 하던 일을 잠시 멈추고 쉬는 상태"**를 말하기 때문이에요. 즉, **학교 상황**에서는 쉬는 놀이 시간, **의회 상황**에서는 휴회, **회사**에서는 야유회 정도로 적용되어 사용할 수 있습니다.

대학원에서 석사 공부를 할 때 학생회(Student Government Association, SGA) 활동을 한 적이 있는데요, 그 때 We are going to have a recess at OOO center.라고 회장이 말한 적이 있어요. 미국 친구들은 모두 Wow~!하면서 환호했는데 저만 "recess가 뭐지?" 하고 궁금해 했던 기억이 나요. 이 경우 **야유회/단합캠핑** 정도로 의역할 수 있습니다.

MP3

다양한 예문으로 오늘의 표현을 확인해 보세요.

- The students are playing during recess.
  쉬는 시간에 학생들이 놀고 있다.
- My friends like to play a soccer game during their afternoon recess.
  제 친구들을 오후 휴식 시간에 축구하는 걸 좋아합니다.
- The research on recess points out the importance of refreshing while working.
  휴식에 관한 연구는 일할 때 재충전 시간을 갖는 것의 중요성을 강조합니다.

대화를 하면서 오늘의 표현을 활용해 보세요.

대화문 1

A My kid's school recently extended the recess time.
제 아이 학교가 최근에 쉬는 시간을 늘렸어요.

B That's good news.
좋은 소식이네요.

Recess gives children a good time to refresh.
쉬는 시간은 아이들에게 재충전할 수 있는 좋은 시간을 준대요.

대화문 2

A How was the conference yesterday?
어제 컨퍼런스 어땠어요?

B It was great!
좋았어요!

During the recess, I had meaningful conversations with experts.
휴식 시간에 전문가들과 의미 있는 대화를 나눴어요.

bonus tip

1 recess의 맥락별 사용
학교 : 쉬는 놀이 시간 / 회사 : 단합 대회, 야유회 / 법정 : 휴정 / 의회 : 휴회

2 학교나 직장에서 잠깐 휴식이나 재충전의 시간으로 야유회나 쉬는 시간을 갖고 싶을 때, Let's have a recess. "우리 잠깐 쉽시다.", How about going to the nearest cafe and get a coffee together? "근처 카페가서 커피 한잔 어때요?"라고 말하면 어떨까요?

Use a highlighter

형광펜을 쓰다

미국에서 공부하거나 학생들을 가르치다가 학생들 사이에서 정말 자연스럽게 나오는 말 중에 하나는, **Can I use your highlighter please?**였어요. 이 말을 처음 들었을 때, "응? **하이라이터**가 뭐지?"하고 몇 초간 고민했었는데요, 알고 보니 **형광펜**이었어요. 형광펜이라는 말만 듣고 직역하려면 "형"은 뭐고 "광"은 뭐지...하면서 고민할 수 있는데요, highlight 즉, "더 밝은 빛(high, light)으로 보이게 만드는 것"을 생각해보면 직관적으로 이해할 수 있어요.

요즘은 워드나 프레젠테이션 슬라이드 작업을 할 때도 중요한 문장이나 단어에 형광표시를 하곤 하는데요, 그럴 때는 **I highlighted the important lines with yellow color.** "**그 중요한 부분은 노란색으로 형광표시를 해 두었어요.**"라고 말할 수 있어요.

MP3

다양한 예문으로 오늘의 표현을 확인해 보세요.

- I always use my highlighter when I read a textbook.
  나는 교과서를 읽을 때 항상 형광펜을 사용한다.
- Pulling out a highlighter, he started reading.
  그는 형광펜을 꺼내서, 책을 읽기 시작했다.
- My friend started using a highlighter to mark key concepts when she studies.
  내 친구는 공부할 때 중요 개념을 표시하기 위해 형광펜을 사용하기 시작했다.

대화를 하면서 오늘의 표현을 활용해 보세요.

대화문 1

A I saw that you always use a highlighter when you study.
너 공부할 때 항상 형광펜 쓰는 걸 봤어.

Does it help?
도움이 돼?

B Yes, using a highlighter helps me grasp key information quickly.
응, 형광펜을 사용하면 핵심 정보를 빠르게 이해하는 데 도움이 되더라고.

대화문 2

A What color do you prefer when you're using a highlighter?
형광펜을 사용할 때 어떤 색을 제일 좋아해요?

B I like yellow, because it stands out the most on the paper.
저는 노란색을 좋아해요, 왜냐하면 종이에서 가장 잘 보이게 해줘서요.

bonus tip

"형광펜으로 잘 보이게 표시하기!" 이걸 영어로 어떻게 말하지? 이런 고민이 들 때, 쉽고 직관적으로 하이라이트를 기억하면서 I want to use my highlighter for the important parts. "그 중요한 부분들은 형광펜으로 표시할 거야."라고 말해 보면 어떨까요?

Step out of comfort zone

(안전지대에서 나와서) 도전하라

직관적으로 이해할 수 있는 이 표현은 **step out of** "~로부터 걸어 나와라", **comfort zone** "내가 편하게 느끼는 지역(안전지대)"의 뜻으로, 무언가 새로운 것에 도전하고 싶지만 주저될 때 자주 쓰는 표현이에요.

step out으로 쓰기도 하지만, 더 casual하게 **get out of comfort zone**으로 쓰기도 해요. 미국 일상에서 학교나 직장에서 뭔가 새로운 것을 해야 할 때 아주 많이 쓰는 표현입니다.

MP3

다양한 예문으로 오늘의 표현을 확인해 보세요.

- I decided to join the public speaking club to step out of my comfort zone.
  나는 안락함에서 벗어나서 도전하기 위해 대중 연설 클럽에 가입하기로 했다.
- Sometimes you must step out of your comfort zone and challenge yourself.
  가끔은 당신의 안전지대로부터 나와서 자신에게 도전을 주어야 합니다.
- My shy friend decided to take the dance audition, pushing herself to step out of her comfort zone.
  부끄러움이 많은 내 친구는 새로운 도전을 하려고 댄스 오디션을 참가하기로 결심했다.

대화를 하면서 오늘의 표현을 활용해 보세요.

대화문 1

A I thought about taking the new class, but I'm worried about the contents.
새로운 수업을 듣는 걸 생각해 봤는데요, 수업 내용이 걱정돼요.

B No worries.
걱정 마세요.
Sometimes, you have to step out of your comfort zone to grow.
성장을 위해서는 때로는 도전을 해야 돼요.

대화문 2

A I'm nervous about my presentation to the class today.
오늘 수업 때 발표하는 것이 걱정돼요.

B I understand, but remember, presenting is a chance to get out of your comfort zone.
이해해요. 하지만 발표는 도전하는 기회라는 것을 기억하세요.

bonus tip

무엇인가 새로운 것을 시작하게 되어서 불안하거나 주저될 때, I need to get out of my comfort zone, let's face it! "나는 내 안전지대에서 나와서 발전해야 돼, 한번 부딪혀 보자!"라고 외쳐보면 어떨까요?

You never know.

사람 일 어떻게 될지 몰라.

인생을 살다보면 "참 별일이 다 있네..."라고 생각될 정도로 예상하지 않았던 일들이 일어나는 경우가 종종 있지요? 좋은 일이 일어나는 경우도 있고 나쁜 일이 일어날 수도 있는 것 같아요. 그래서 미래를 너무 걱정하거나 낙관하지도 말고 그냥 묵묵히 해야 할 일을 실천할 때 우리는 **"사람 일 어떻게 될지 모르니 일단 지켜보자."** 이렇게 말하곤 하잖아요.

미국에서는 이런 경우 **You never know.**라고 말한답니다. 직역하면 "너는 절대 모른다."의 뜻이지만, 의역하면 우리가 말하는 "사람 일 어떻게 될지 모르잖아요. 일이 잘 될 수도 있고 안 될 수도 있잖아요. 그러니 걱정하지 말아요."의 뜻이에요. "새옹지마"와도 비슷한 의미가 있다고도 볼 수 있어요.

MP3

다양한 예문으로 오늘의 표현을 확인해 보세요.

- You never know, you might pass the exam.
  어떻게 될지 모르지, 너도 그 시험에 합격할 수도 있잖아.
- You never know who will show up.
  누가 나올지는 알 수 없지요.
- When planning, we never know what opportunities or challenges might arise.
  계획을 세울 때, 어떤 기회나 도전이 찾아올지 알 수 없습니다.

대화를 하면서 오늘의 표현을 활용해 보세요.

대화문 1

A I'm worrying about participating in the school talent show next week.
다음 주에 열리는 학교 장기자랑 행사에 참여하는 게 걱정 돼요.

B Go ahead and do it!
그냥 해봐요!
You never know the positive reactions you might receive!
긍정적인 반응을 받을 수도 있잖아요!

대화문 2

A I accidentally deleted the important file from the shared drive.
공유 드라이브에서 중요한 파일을 실수로 삭제했어요.

B No worries.
걱정하지 마세요.
You never know if there's a backup file.
백업 파일이 있을지도 몰라요.

bonus tip

일상에서 실수를 했거나, 무슨 일이 어떻게 일어날지 모를 때, You never know, "사람 일 어떻게 될지 모르잖아요."라고 말하면서 걱정을 떨쳐 버리면 어떨까요?

Turn in your homework

숙제를 제출하다

미국 학교에서 숙제나 과제를 제출할 때 submit이라는 말도 쓰지만, turn in "제출하다" 라는 표현을 더 편하게 그리고 자주 써요. 즉, turn in homework이라고 말하면, "숙제를 제출하다"의 뜻이 됩니다.

단어를 하나씩 직역해 보면 turn "돌리다", in "안으로" 의 뜻이 있습니다. 즉, "돌려서 안으로 넣다"의 뜻으로 직역해 볼 수 있지요. 서류나 숙제를 제출할 때 잘 검토한 후 "다 잘 되었다"고 한 바퀴 앞 뒤로 돌려 보면서 제출하는 모습을 상상해 보면 이 turn in 표현을 기억하기 쉬울 것 같습니다.

미국 학교에서 선생님들이 수업이 끝날 때 종종하시는 말씀 중에 하나는 바로, don't forget to turn in your homework by tomorrow~ "내일까지 숙제 제출해야 하는 것 잊지 마세요~" 였습니다.

MP3

다양한 예문으로 오늘의 표현을 확인해 보세요.

- Don't forget to turn in your papers after class.
  수업 후에 리포트 내는 것을 잊지 마세요.
- Please turn in your permission slip for the upcoming field trip.
  다가오는 수학 여행을 위해 허가서를 제출해 주세요.
- You can turn in your job application to the website.
  취업 지원서를 웹사이트에 제출할 수 있습니다.

대화를 하면서 오늘의 표현을 활용해 보세요.

대화문 1

A Have you done your homework?
숙제 다 했어?

B Yes, I just turned it in last night.
네, 어젯밤에 제출했어요.

대화문 2

A Did you submit your scholarship application?
장학금 신청서 제출했니?

B Yeah, I'm ready to turn it in now.
네, 지금 바로 제출할 준비가 됐어요.

bonus tip

학교에서나 일상에서 무언가를 제출해야 할 때, I need to turn in my homework/report. "숙제/리포트를 제출해야 해요."라고 말하면 어떨까요?

Parent-teacher conference

학부모-교사 회의

미국에 와서 한국과 다르다고 느낀 점 중에 하나가 이 **학부모-교사 회의**인데요, 우선 표현에서도 conference를 써서 조금 신기하게 생각했었어요. 보통 conference라고 하면 학회나 학술대회를 먼저 생각하게 되기 때문이에요. **conference**의 사전적 의미는 **a formal meeting for discussion**이므로, parent-teacher conference 즉, 학부모-교사 미팅에도 공식적인 상황(formal context)이라는 느낌을 주기 위해서 그렇게 부르는 것 같아요.

이 parent-teacher conference를 할 때 인상깊었던 점은 모든 학교 관계자분들이 함께 협력해서 이 행사를 준비하고, 학생들을 그 미팅에 "초대하는 느낌"을 받은 것이었어요. 즉, 학생들이 평가 받는 기분을 느끼게 한다기 보다는, 본인들의 학교에서 했던 성취 결과나 현재 상황을 편하게 선생님과 부모님에게 보여주는 시간이라는 느낌을 받았어요. 아이들이 직접 에세이, 그림 등과 같은 학업 결과물을 발표한 뒤, 선생님과 부모님이 간략하게 이야기를 나누시더라고요.

MP3

다양한 예문으로 오늘의 표현을 확인해 보세요.

- We are invited to an upcoming parent-teacher conference.
  우리는 다가오는 학부모-교사 회의에 초대되었어요.
- The parent-teacher conference went well without an issue.
  그 학부모-교사 회의는 아무 문제없이 잘 진행되었습니다.
- The parent-teacher conference provided a great opportunity for parents to discuss their child's academic progress.
  학무모-교사 회의는 자녀들의 학업 성과에 대해서 토론할 수 있는 소중한 기회를 제공합니다.

대화를 하면서 오늘의 표현을 활용해 보세요.

대화문 1

A Have you signed up for the parent-teacher conference next week?
다음 주 학부모-교사 회의에 등록했어요?

B Not yet.
아직요.
I heard that the teacher will send out a sign-up link tomorrow.
내일 선생님이 등록 링크를 보낸다고 들었어요.

대화문 2

A I'm nervous about the parent-teacher conference.
학부모-교사 회의에 앞서 좀 긴장돼요.
Any tips about what to do as a parent please?
부모로서 해야 할 일에 대해 혹시 조언을 줄 수 있나요?

B Just relax and gently ask about your child's strengths and areas for improvement.
긴장하지 말고 편하게 자녀의 장점과 개선하면 좋을 점에 대해서 물어 보세요.

bonus tip

1 오늘 표현은 부모님들에게 조금 더 다가오는 이야기 같기도 한데요. 다음에 우리 아이의 혹은 조카나 친구 아이의 학교에 학부모-교사 회의가 있다면, Oh, you have a parent-teacher conference next week. "아, 다음 주에 학부모-교사 회의가 있구나."하고 말하면 어떨까요?

2 비슷한 표현 보기 : customer-vendor conference 고객사-협력사 회의
teacher-student conference 교사-학생 회의

Jump in

같이 하다

대화를 하거나 어떤 일을 할 때, 제 3자에게 "너도 같이 할래?"라고 권유하고 싶을 때가 있는데요, 그 때 사용할 수 있는 표현이에요. **jump**는 말 그대로 "뛰다"의 뜻이고, **in**은 "안으로"라는 뜻이 되어서, 현재 대화하는 상황이면 "**같이 대화에 끼어 드세요.**"의 뜻이 되고, 어떤 일을 하고 있는 상황이었다면 "**이 일을 같이 하자.**"의 뜻이 됩니다.

중간에 right을 써서 **Jump right in.**이라고 말하면, "**지금 바로 같이 하자.**"라고 "즉시"의 뜻을 더할 수도 있어요. "안으로 참여하다"의 뜻을 조금 더 더하고 싶으면 다음 페이지에 나오는 첫 예문처럼 Jump into라고 말해도 됩니다.

다양한 예문으로 오늘의 표현을 확인해 보세요.

- May I jump into the discussion now?
  지금 토론에 참여해도 될까요?
- Please jump in, we have just started this game.
  어서 오세요, 우리도 이 게임을 방금 시작했어요.
- My team member jumped in the project right away and successfully got things done.
  우리 팀원은 그 프로젝트에 바로 참여했고 일들을 멋지게 끝냈습니다.

대화를 하면서 오늘의 표현을 활용해 보세요.

대화문 1

A Can I jump into the discussion quickly?
토론에 잠깐 참여해도 될까요?

I have some ideas to contribute.
몇 가지 아이디어가 있어요.

B Sure, feel free to jump in.
물론이에요. 자유롭게 참여해주세요.

We are happy to have you in the discussion.
토론에 참여해 주셔서 감사해요.

대화문 2

A I'm a bit behind in math coursework.
수학 수업이 좀 뒤처진 것 같아.

Can I jump into the study group to catch up?
따라가기 위해 스터디 그룹에 참여해도 될까?

B Of course!
물론이야!

We meet every Monday after school.
우리는 매주 월요일 방과 후에 만나.

Feel free to jump in.
편하게 참여해.

bonus tip

학교나 직장, 일상에서 어떤 대화나 일에 참여하고 싶을 때, May I jump in? "저도 같이 해도 돼요?"라고 말해보면 어떨까요?

Don't be distracted.

다른 데 정신 팔지 마세요.

distracted 단어는 아주 많이 쓰는 단어 중 하나로, "다른 것에 정신이 팔려서 집중을 못 하다"는 뜻이에요. 이렇게 -ed를 사용해서 수동태의 뜻으로 **I was distracted.**로 쓰면 **"정신이 팔리게 되었다."**의 뜻이 돼요. 반대로 **This library is so distracting.** 이라고 -ing를 써서 능동적인 의미로 쓰면 **"이 도서관은 너무 정신 없네."**라는 의미가 됩니다.

MP3

다양한 예문으로 오늘의 표현을 확인해 보세요.

- I was distracted due to the noise.
  소음 때문에 집중할 수가 없었어요.
- The kids in the playground were distracting me, so I couldn't focus on the phone call.
  놀이터에 있는 아이들이 너무 산만하게 해서, 그 전화 통화에 집중할 수 없었어요.
- Jennifer was distracted and couldn't give attention to the lecture.
  제니퍼는 다른 생각에 정신이 팔려 있어서 그 강의에 집중하지 못했다.

대화를 하면서 오늘의 표현을 활용해 보세요.

대화문 1

A I saw that you were distracted in class discussions.
토론 시간에 집중하지 못하는 것 같아 보였어요.
Is there anything I can help you with?
내가 도와줄 문제라도 있어요?

B I have been dealing with a personal matter.
제가 요즘 개인적인 문제가 좀 있어요.
I'll focus more next time.
다음에는 더 집중할게요.

대화문 2

A The music is a bit distracting.
음악이 조금 방해가 돼요.
Can you turn it down a bit please?
소리를 조금만 줄여 줄 수 있어요?

B Sorry, I didn't realize it was bothering you.
미안해요, 방해되는 줄 몰랐어요.
I'll lower the volume now.
지금 볼륨을 낮출게요.

bonus tip

공부나 일, 혹은 책을 읽을 때 주변의 소음 때문에 정신이 산만해 질 때가 있다면, Don't be distracted, focus! "다른 데 정신 팔지말고 집중하자!"라고 외치며 다시 정신을 가다듬으면 어떨까요?

Sign up

등록하다/서명하다

이 표현도 미국에서 아주 많이 쓰는 표현 중 하나이고요, 어떤 행사나 수업 등에 참가하겠다고 이름을 적고 등록하는 것을 **sign up**이라고 합니다.

예를 들어, 다음 주말에 놀이공원으로 단체로 놀러 간다고 가정하고, **"버스 탈 사람은 여기에 이름을 써주세요."**라고 공지할 때, **Please sign up here for the bus next week.**이라고 말할 수 있어요.

이렇게 일회적인 행사에 등록(register)할 때도 쓰고, 대학 상황에서는 수업에 등록(enroll)할 때 쓸 수 있으며, 회사나 군대 상황에서는 계약(contract)할 때도 쓸 수 있답니다.

영화 '아바타'에서 한 군인이 상부의 부당한 명령을 거부할 때, **"나는 이런 일을 하려고 군대에 온 건 아니야(서명한 건 아니야)."**라는 의미로 I didn't sign up for this.라고 말하기도 했지요.

MP3

다양한 예문으로 오늘의 표현을 확인해 보세요.

- I've signed up to bring dessert for the party.
  나는 그 파티를 위해 디저트를 가져오기로 했다.
- He signed up for evening classes at the community college.
  그는 커뮤니티 대학교의 저녁 수업에 등록했다.
- After taking the tour, my friend signed up to join the fitness center.
  투어를 마친 후, 내 친구는 휘트니스 센터에 가입했어요.

대화를 하면서 오늘의 표현을 활용해 보세요.

대화문 1

A Have you heard about the math seminar next week?
다음 주에 하는 수학 세미나에 대해 들어봤어요?

B Yes, it sounds interesting.
네, 재미있을 것 같더라고요.

I'm thinking about signing up.
등록할까 생각 중이에요.

대화문 2

A The language exchange program registration is now open.
언어 교환 프로그램이 지금 등록을 받고 있어요.

Will you join?
참여할래요?

B I heard about it.
저도 들었어요.

I will definitely sign up.
꼭 등록할게요.

bonus tip

일상이나 학교, 직장 상황에서 등록하거나 서명해야 할 일이 있을 때, I will sign up for this. "이거 곧 등록할 거야/서명할 거야"라고 말하면 어떨까요?

It's not rocket science.

그렇게 복잡한 거 아니야.

직역하면 "이건 로켓을 만드는 과학이 아니야."라는 뜻인데요, 실제로 우주로 날아가는 로켓을 만드는 데에는 엄청나게 많은 수학적, 과학적 계산과 절차가 필요하다고 해요. 그래서 미국 사람들에게 **rocket science**는 아마도 **"엄청나게 복잡하고 어려운 것"**이라는 의미를 주고 있는 것 같아요.

어떤 일을 할 때 "아~ 이거 복잡하고 힘들겠는데."라고 걱정하는 친구나 사람들이 있다면, 그 때 미국 사람들은 **No worries, it's not rocket science, we can do it!** "걱정하지마, 이거 그렇게 복잡하지 않아, 우리는 할 수 있어!"라고 말하곤 합니다.

다양한 예문으로 오늘의 표현을 확인해 보세요.

- Writing the final essay paper is not rock science, we can do it!
  기말 에세이를 쓰는 것은 로켓 과학이 아니에요. 우리는 할 수 있어요!
- My coach always said, "Tennis is not rocket science. It's about hitting the ball."
  내 코치 선생님은 항상 "테니스는 로켓 과학이 아니야. 그냥 공을 치는 거야."라고 말씀하셨다.
- Solving this puzzle is not rocket science. Take your time, you can do it!
  이 퍼즐을 푸는 것은 그렇게 어려운 게 아니에요. 천천히 해보세요, 할 수 있어요!

대화를 하면서 오늘의 표현을 활용해 보세요.

대화문 1

A I'm having trouble setting up the new computer.
새로운 컴퓨터를 설치하는 게 어려워요.
What should I do?
어떻게 하면 좋을까요?

B It's not rocket science.
그렇게 어려운 일은 아니에요.
Take it easy and follow the steps in the manual.
편하게 생각하고 설명서에 나와 있는 단계대로 해보세요.

대화문 2

A Understanding the concepts in chemistry class is challenging.
화학 수업에서 배운 개념들을 이해하는 게 어려워요.

B No worries, it's not rocket science.
걱정하지 마세요, 이건 로켓 과학이 아니에요.
Let's review them together.
같이 복습해 봐요.

bonus tip

학교나 일상에서 어떤 복잡해 보이는 일이 있을 때, "괜찮아, 그렇게 어렵지 않을 거야."라는 의미로 It's Okay, it's not rocket science.라고 말하면서 용기를 가져보면 어떨까요?

I'm under the weather.

몸이 좀 으슬으슬해요.

환절기나 날씨가 추워질 때, 제가 가르치는 대학교에서 보통 한 학기에 3~4명의 학생들이 이메일로 "교수님, **오늘 몸이 좀 안 좋아서** 수업에 못 갈 것 같아요."라고 이메일을 보내곤 해요. 그 때 학생들은, Hi Professor, when I wake up this morning **I feel that I'm under the weather,** so I don't think I can make it today.라고 말하면서 이 under the weather 표현을 자주 쓰더라고요.

직역하면, "나는 날씨 밑에 있는 것 같아요. 날씨의 영향을 받는 것 같아요."라고 볼 수 있는데요, 그 뜻은 "몸이 좀 안 좋다, 으슬으슬하다" 예요. I am under the weather.로 I am과 같이 쓸 수도 있고, **feel** 동사와 함께 다음 페이지의 첫 번째 예문처럼 쓸 수도 있어요.

MP3

다양한 예문으로 오늘의 표현을 확인해 보세요.

- I'm feeling a little under the weather, I think I'm getting a cold.
  몸이 좀 안 좋은 것 같아요. 곧 감기에 걸릴 것 같아요.
- I have to cancel the dinner appointment tonight as I'm a bit under the weather.
  오늘 저녁 식사 약속을 취소해야 할 것 같아요. 제가 몸이 좀 안 좋아서요.
- I'm under the weather today, so I need to rest and recover at home.
  오늘 몸이 좀 안 좋아서 집에서 푹 쉬고 회복해야 할 것 같아요.

대화를 하면서 오늘의 표현을 활용해 보세요.

대화문 1

A I can't go to the study group tonight, I'm under the weather.
오늘 밤 스터디 그룹에 참석 못 할 것 같아. 몸이 좀 안 좋아.

B Oh, sorry to hear that.
아이고, 그렇구나.

Take care and get well soon.
푹 쉬고 빨리 나아.

대화문 2

A I heard that our teacher is under the weather and will not come to school today.
우리 선생님이 몸이 좀 안 좋으셔서 오늘 학교에 오지 않을 거라고 들었어요.

B Oh, that's unfortunate.
아, 안 됐네요.

I hope he's feeling better soon.
선생님이 어서 좋아지시면 좋겠어요.

bonus tip

환절기에 몸이 좀 으슬으슬하거나 감기 기운이 있을 때, I am under the weather.라고 말해 보면 어떨까요?

Play devil's advocate

일부러 반대 입장을 대변하다

미국에서 논쟁(debate) 활동은 초 · 중 · 고등학교부터 대학교에 이르기까지 배우는 과정으로 자주 접하고 활용하는 학습 활동 중의 하나예요. 전국 Debate Competition(논쟁 대회)이 있을 정도로 일상화되어 있는 활동 중에 하나인데요, debate를 연습하거나 실제로 할 때, 우리 팀의 의견과 대립되는 반대 의견을 일부러 지지하는 역할을 하는 사람을 두고 연습을 하곤 합니다.

그렇게 **일부러 반대 의견을 내는 사람**을 Devil's advocate "악마의 변호사"라고 하는데요, 그 상황을 가리켜, **He is playing devil's advocate. "그 사람은 일부러 반대 입장을 대변하고 거야."**라고 말할 수 있어요. 이렇게 반대 입장을 대변하는 사람을 일부러 두고 연습하는 이유는 그렇게 해봐야 우리 팀의 입장에서 어느 점이 강하고 어느 점이 공격당하기 좋은지를 객관적으로 알 수 있기 때문이라고 합니다.

MP3

다양한 예문으로 오늘의 표현을 확인해 보세요.

- I played devil's advocate during the debate practice yesterday.
  저는 어제 논쟁 연습에서 악마의 대변인 역할을 했어요
- I want to play devil's advocate by asking some critical questions tomorrow.
  나는 내일 좀 껄끄러운 질문들을 하면서 악마의 대변인 역할을 하고 싶어요.
- My friend chose to play devil's advocate yesterday by presenting counterarguments to the other team.
  내 친구는 어제 악마의 대변인 역할을 선택하여 상대팀에 반박하는 의견을 제시했어요.

대화를 하면서 오늘의 표현을 활용해 보세요.

대화문 1

A I think we need to extend lunch time at school.
학교에서 점심 시간을 더 연장하면 좋을 것 같아요.

B That's a great idea, but let me play devil's advocate.
좋은 생각이에요. 하지만 제가 악마의 대변인 역할을 좀 해볼게요.

What if longer lunch time distracts students for afternoon classes?
만약 점심 시간을 더 길게 해서 학생들의 오후 수업 집중도가 떨어지면 어떻게 하죠?

대화문 2

A I believe we should have a special day to wear pajamas in school.
학교에서 파자마를 입을 수 있는 특별한 날을 가져야 한다고 생각해요.

B Sounds comfy, but let me play devil's advocate.
편안할 것 같네요, 하지만 악마의 대변인 역할을 좀 해볼게요.

What if wearing pajamas in school makes students less focused on classes?
학교에서 파자마를 입으면 학생들이 수업에 집중하기 더 어렵지 않을까요?

bonus tip

일상이나 미팅에서 일부러 반대 의견을 내면서 내 의견을 객관적으로 점검해 보고 싶을 때, I'll play devil's advocate.이라고 말하면 어떨까요?

Kill two birds with one stone

일석이조

이 표현은 놀랄 만큼 한국어에서 쓰는 표현과 1:1로 바로 연결되어 번역하고 사용할 수 있는 표현이에요. 우리가 자주 말하는 하나의 액션을 취해서 두 개의 성과를 얻을 때 말하는 **"일석이조", 혹은 "일거양득"과 같은 표현**이고요, 미국 일상에서도 자주 쓰는 표현입니다.

예를 들어, 장을 보러 나가는 길에 우편물도 부치고 오는 상황 등에서 미국 사람들도 이 일석이조 표현을 써요. 그럴 땐, **Ah, that would be killing two birds with one stone. "아, 그렇게 하면 일석이조가 되겠네."**라고 말하더라고요. 다른 의역으로는 "두 마리 토끼를 잡다" 라고 번역할 수도 있어요.

MP3

다양한 예문으로 오늘의 표현을 확인해 보세요.

- I killed two birds with one stone by taking classes and working a part-time job at school.
  저는 수업을 듣고 학교에서 아르바이트를 하면서 일석이조 효과를 냈어요.
- I exercise during my lunch break, killing two birds with one stone by taking a break and staying healthy.
  점심 시간에 운동하면서, 쉬기도 하고 건강도 유지하는 일석이조 효과를 내고 있어요.
- At the workshop, I learned new skills and built a new network. It was killing two birds with one stone indeed.
  워크샵에서 새로운 기술을 배우고 새로운 네트워크도 구축했어요. 정말로 한 번에 두 마리 토끼를 잡았습니다.

대화를 하면서 오늘의 표현을 활용해 보세요.

대화문 1

A I need to read a book for English class, and I also want to find time for exercise.
영어 수업을 위해서 책을 읽어야 하고, 또 운동할 시간도 갖고 싶어.

B How about listening to the audiobook while exercising?
운동하면서 오디오북을 듣는 건 어때?

You can kill two birds with one stone.
두 마리 토끼를 한 번에 잡을 수 있을 거야.

대화문 2

A I want to earn money, and I also want to learn about computers.
나는 돈을 벌고 싶고, 컴퓨터에 대해서도 배우고 싶어요.

B How about finding a part-time job related to computers?
컴퓨터와 관련된 아르바이트를 찾아보는 게 어때요?

That way, you can kill two birds with one stone.
그렇게 하면 한 번에 두 마리 토끼를 잡을 수 있을 거예요.

bonus tip

일석이조를 영어로 말하고 싶을 때, 그 뜻 그대로 편하게 In this way, we can kill two birds with one stone. "이렇게 하면 일석이조가 될 거야."라고 말하면 어떨까요?

You can't judge a book by its cover.

겉모습만 보고 판단하지 마세요.

직역하면 "**책의 겉표지(cover)만으로 판단(judge)하지 마세요.**"라는 뜻인데요, 사람이나 다른 대상을 겉모습, 즉 옷차림이나 겉 생김새만 보고 판단하지 말라는 뜻이에요.

미국에서도 종종 쓰는 말인데요, 쇼핑 센터에서 옷을 허름하게 입고 왔지만 물건을 많이 사가는 사람을 보면서, 한 직원이 동료 직원에게 이렇게 말하는 것을 본 적이 있어요. 문장을 시작할 때 제목의 예문처럼 **You can't judge ~.** 이렇게도 쓰지만, 심플하게 **Don't judge ~.**라고도 쓰기도 해요.

MP3

다양한 예문으로 오늘의 표현을 확인해 보세요.

- You can't judge a book by its cover.
  책의 표지만 보고 판단하지 마세요.
- Don't judge a book by its cover, this simple box might contain a good gift!
  겉모습만 보고 판단하지 마세요, 이 간단한 상자 안에 좋은 선물이 들어 있을지도 몰라요!
- Don't judge a person by their appearance, a quiet student might have a brilliant idea.
  외모로 사람을 판단하지 마세요, 조용한 학생이 뛰어난 아이디어를 가지고 있을 수 있어요.

대화를 하면서 오늘의 표현을 활용해 보세요.

대화문 1

A Don't judge a book by its cover, that quiet boy is actually a talented singer.
겉모습만 보고 판단하지 마세요, 그 조용한 소년은 실제로 노래를 아주 잘해요.

B Really?
정말요?

I didn't know that.
저는 몰랐어요.

대화문 2

A You can't judge a book by its cover, this old car has great fuel efficiency.
겉만 보고 판단하지 마세요, 이 오래된 차는 연료 효율이 아주 좋아요.

B Oh, I didn't know that.
아, 그걸 몰랐어요.

This is a great car, then.
그렇다면, 정말 좋은 차네요.

bonus tip

학교에서나 일상에서 겉모습만 보고 사람이나 대상을 판단하고자 하는 마음이 들 때, Wait, don't judge a book by its cover!라고 말하면서 그 대상을 자세히 알 때까지 판단을 유보해 보면 어떨까요?

I don't buy it.

그걸 믿지 않아요.

이 표현도 미국 일상에서도 자주 사용하는데요, 특히 대학원에서 토론할 때 자주 사용했던 표현이에요. buy는 직역하면 "물건을 사다"의 의미이지만, 대화에서 어떤 의견이나 사실에 대해서 사용하면 "믿다, 받아들이다"의 뜻이 돼요. 따라서, I don't buy it.이라고 말하면 **"나는 그걸 믿을 수 없어, 받아 들일 수 없어."**의 뜻이 된답니다.

대학원에서 어떤 이론에 대해서 토론할 때, 교수님들이나 동료 대학원생들이 **Do you buy it? "너는 이 이론이 맞다고 생각해?"**라고 종종 묻곤 해서 진지한 토론으로 이어지곤 했었어요.

다양한 예문으로 오늘의 표현을 확인해 보세요.

- My brother told me that he will make a lot of money, but I'm not buying it.
  내 동생은 큰 돈을 벌 거라고 말했지만, 나는 믿지 않는다.
- My teacher didn't buy my story about the dog eating my homework.
  선생님은 내 개가 나의 숙제를 먹었다는 이야기를 믿지 않았다.
- My friend didn't buy it when his brother won the lottery.
  내 친구는 그의 형이 복권에 당첨됐다는 걸 믿지 않았다.

대화를 하면서 오늘의 표현을 활용해 보세요.

대화문 1

A I heard a rumor that our school might have a surprise holiday next week.
학교에서 다음 주에 깜짝 휴일이 있을 수 있다는 소문을 들었어요.

B Seriously?
그래요?

I don't buy it.
저는 그 소문을 믿지 않아요.

Schools don't just give days off that easily.
학교가 그렇게 쉬는 날을 쉽게 주지 않잖아요.

대화문 2

A The new diet drink guarantees 5kg loss in a week without any exercise.
새 다이어트 음료는 운동 없이 일주일에 5kg 감량을 보장한대요.

B I don't buy it.
저는 믿지 않아요.

Quick changes like that usually bring side effects.
그렇게 빠른 변화는 보통 부작용이 생겨요.

bonus tip

학교나 일상 생활에서 무언가를 받아들이기 쉽지 않거나 믿기 어려울 때, I don't buy it.이라고 말하면 어떨까요?

Let's call it a day.

오늘은 여기까지만 합시다.

직역하면 "이제 하루라고 부르자."라고 할 수 있겠지만, 의역하면 "지금까지 했던 일은 이제 여기까지 마치고 오늘 하루는 마무리하자."의 뜻이에요. 이 표현은 한국에서 중 · 고등학교 때 배웠던 표현 같은데요, 미국에서도 많이 쓰는 것을 보았어요.

특히 오후 4~5시쯤 퇴근 시간이 되면, 팀장님들이나 동료들이 **Alright, let's call it a day, see you all tomorrow.** "**자, 이제 오늘은 여기까지만 합시다. 다들 내일 만나요.**"라고 말하곤 해요. 대학원에 다닐 때, 한 교수님이 이 표현을 재치있게 사용해서 Let's call it a semester.라고 말하면서, "자 이제 학기를 마칩시다."라고 말한 적이 있는데요, 대학원 친구들이 모두 웃으면서 Semester~!라고 말하면서 학기를 마친 적이 있어요.

MP3

다양한 예문으로 오늘의 표현을 확인해 보세요.

- Now I'm getting tired, let's call it a day.
  이제 피곤하다, 오늘은 여기까지만 하자.
- It's 10 pm already, we should call it a day now.
  벌써 10시네요, 이제 그만 마무리합시다.
- Due to heavy snow, my school closed at 1 pm and called it a day.
  눈이 많이 내려서, 학교가 오후 1시에 문을 닫고 하루를 마무리했어요.

대화를 하면서 오늘의 표현을 활용해 보세요.

대화문 1

A This math assignment is really hard, I can't solve it.
이 수학 숙제가 너무 어려워. 못 풀겠어.

B Oh, it's 9 pm already.
아, 벌써 9시네.

Let's call it a day, and ask our teacher for help tomorrow.
오늘은 여기서 마치고 내일 선생님께 도와달라고 부탁하자.

대화문 2

A I've been working on this presentation slide, but I'm not satisfied with it.
이 발표 슬라이드를 계속 만들었는데, 아직 만족스럽지 않아요.

B Sometimes, it's best to step back and call it a day.
가끔은 잠시 멈추고 마무리하는 게 좋은 것 같아요.

Let's save it and take some rest.
그만 저장하고 잠깐 쉽시다.

bonus tip

일상에서 어떤 일을 하다가 이제 그만 마치는 게 좋다고 느껴질 때, Let's call it a day.라고 말하면서 하루의 공부나 일을 마무리하면 어떨까요?

It's easy-peasy.

아주 쉬운 일이지.

미국 일상에서 아주 많이 쓰는 표현으로 "이지 피지."라고 말하면서 말의 라임(rhyme)을 맞춰서 말하는 재미있는 표현이에요. 어떤 일을 할 때 "아, 그건 정말 쉽지, 아주 쉬운 일이에요."라고 말할 때 써요.

개인적인 경험으로 미국에서 차 정비를 친구하고 자가정비로 몇 번 한 적이 있는데요 저는 너무 어려울 것 같아서 걱정하고 있을 때, 그 친구는 버릇처럼 **No worries, it's easy-peasy.**라고 말하면서 저를 안심시켰었어요. 3시간 정도가 걸렸지만 자가정비는 성공적으로 끝났었지요.

학교에서나 일상에서도 아주 많이 쓰이고요, 얼마 전에 저희 아파트의 등이 고장나서 고치러 온 수리기사 아저씨도 **It's easy-peasy, let's get it done.** "아주 쉬워요, 빨리 끝냅시다."라고 말하며 휘파람을 불면서 일을 하셨답니다.

MP3

다양한 예문으로 오늘의 표현을 확인해 보세요.

- It's an easy-peasy yoga class.
  이건 정말 쉬운 요가 시간이야.
- Don't think too much, take it easy-peasy.
  너무 많이 생각하지 마세요. 쉽게 생각하세요.
- It will be easy-peasy to make a presentation tomorrow. Let's be confident!
  내일 발표는 쉬울 거예요. 자신감을 가집시다!

대화를 하면서 오늘의 표현을 활용해 보세요.

대화문 1

A Have you solved the math problem?
그 수학 문제 풀었어요?

B Yeah, it's easy-peasy.
네, 아주 쉽더라고요.
You just multiply the first number by 10.
첫 번째 숫자에 10을 곱하기만 하면 돼요.

대화문 2

A I heard that you baked cookies.
쿠키를 만들었다고 들었어요.
Wasn't it difficult?
어렵지 않았어요?

B No, it was easy-peasy!
아니요, 아주 쉬웠어요!
I just followed the recipe.
그냥 레시피를 따라했어요.

bonus tip

1 일상에서 어떤 어렵거나 복잡해 보이는 일이 있을 때, "미리 걱정하지 말고, 쉬운 일이야, 할 수 있어!"라는 뜻으로 It's easy-peasy, we can get it done!이라고 말하면서 에너지를 얻으면 어떨까요?

2 easy-peasy 표현의 유래는?

1950~1960년대에 영국의 한 세제 회사에서 easy-peasy lemon squeezy라는 표현을 세제 광고에 사용했다고 합니다. 레몬향이 나는 세제를 재미있는 소리로 광고하려고 "아주 쉬운 레몬 스퀴지"라는 광고 문구를 만들어 사용한 데서 이 표현이 유래했다고 합니다.

Shed light on

설명하다/뜻을 명확하게 하다

이 표현은 미국 일상에서 토론이나 비즈니스 상황 등 조금은 격식있는 상황(a formal situation)에서 많이 쓰이는 표현이에요. 신문이나 논문 등에서도 자주 나오고요, 비즈니스 미팅에서도 자주 말합니다. 뜻은 "무언가를 설명하다", "알기 쉽게 풀어주다", "뜻을 명확하게 하다"로 부터 시작해서 "해명하다"의 뜻까지로도 사용될 수 있어요.

얼마 전에 저희 팀 미팅에서 한 동료가 **"이 데이터는 새 정책의 중요성을 보여줍니다."**라고 말할 때 **This data shed light on the importance of the new policy.**라고 말하며 이 표현을 사용했었어요. 표현의 유래는 전기가 사용되기 전에 어두운 상황에서 초로 밝힌 불(shedding light)을 비추면서 물건들이나 글을 더 명확하게 볼 수 있었던 데에서 유래했다고 합니다. 따라서 어떤 대상에 "빛을 비추어 밝고 명확하게 하다/설명하다"의 뜻을 갖게 되었지요.

MP3

다양한 예문으로 오늘의 표현을 확인해 보세요.

- This report sheds light on the unheard voices in the field.
  이 보고서는 그 분야에서 들려지지 않은 의견들을 설명해 줍니다.
- This new finding sheds light on how the brain functions.
  이번에 새롭게 찾은 결과는 뇌가 어떻게 작동하는지 명확하게 설명해 줍니다.
- My teacher sheds light on the importance of the students' opinions.
  우리 선생님은 학생들 의견의 중요성에 대해 설명했습니다.

대화를 하면서 오늘의 표현을 활용해 보세요.

대화문 1

A Can you explain how to solve this math problem please?
이 수학 문제를 어떻게 풀어야 하는지 설명해 주실 수 있어요?

B Sure, let me shed light on it.
물론이죠, 정확하게 가르쳐 드릴게요.
All you need to do is divide the numbers by 2.
이 숫자들을 2로 나누기만 하면 돼요.

대화문 2

A I'm having trouble understanding the results of the exam.
시험 결과를 이해하는 게 좀 어려워요.

B I can shed light on that.
제가 설명해 드릴게요.
The green color indicates a pass, red indicates a fail.
녹색은 합격을 나타내고, 빨간색은 불합격을 나타냅니다.

bonus tip

일상이나 비즈니스 상황에서 더 명확한 설명이 필요할 때, Can anyone shed light on this issue please? "누가 이 이슈에 대해서 자세히 설명해 줄 수 있나요?"라고 말하면서 이 표현을 사용해 보면 어떨까요?

Step down

사임하다, 물러나다

회사와 학교 같은 조직에서 어떤 자리에 있는 사람이 그 자리에서 물러나거나 사임할 때 쓰는 표현으로, 직관적으로 step **"걷다"**, down **"아래로"**라는 두 단어가 결합되어 **"사임하다, 물러나다"**의 의미가 됩니다. 공식적인 상황에서도 쓰고요, 예를 들어 대통령이 임기가 끝나서 퇴임할 때도 The president will step down next month. "대통령은 다음 달에 퇴임합니다."라고 말할 수 있어요. 제가 일하고 있는 대학에서 학과장님이나 학교 총장님이 임기를 마치고 퇴임할 때도 step down이라고 말해요.

MP3

다양한 예문으로 오늘의 표현을 확인해 보세요.

- John stepped down as captain of the team.
  존은 팀의 주장 자리에서 물러났다.
- The team leader decided to step down, allowing a young colleague to lead.
  팀장님은 팀장직을 내려놓고 젊은 동료가 팀을 이끌도록 했다.
- The university president announced his decision to step down.
  그 대학 총장님은 사임한다는 결정을 공표했다.

대화를 하면서 오늘의 표현을 활용해 보세요.

대화문 1

A I heard that our CEO is going to step down.
우리 CEO가 물러나기로 하셨데요.
Did you know?
알고 있었어요?

B Yes, it's true.
네, 사실이에요.
He said that he wants to work on other areas.
이제 다른 분야의 일을 하고 싶다고 하셨어요.

대화문 2

A I heard that Jennifer is going to step down as the event coordinator.
제시카 씨가 행사 코디네이터 직에서 물러난다고 들었어요.

B Yes, she mentioned that she wants to focus on personal projects.
네, 개인적인 프로젝트에 집중하고 싶다고 하더라고요.

bonus tip

여러분이 있는 회사나 학교 혹은 다른 조직에서 어떤 자리에서 물러날 때, I will step down.이라고 말해보면 어떨까요?

PART 03

비즈니스
직관적 영어 표현

064~101

Heads-up!

미리 알려줄게!

Heads-up은 **"미리 알려주는 말, 소식, 귀띔"** 정도의 뜻을 의미해요.

보통 This is a heads-up **"곧 있을 일인데 미리 알려 줄게."** 정도로 듣는 사람들의 주의를 끌고 대화를 이어갈 때 써요. 미팅을 할 때도 자주 사용하는 표현이에요. 미국 업무 문화에서 느껴진 것 중에 하나가 어떤 안건에 대해서 미리 상황을 공유하고 그 일들을 두 번, 세 번 같이 검토하고 확인하는 문화였어요. 제 경험으로는 heads-up이라는 단어를 듣거나 사용하면 **"앞으로 있을 일인데, 우리가 미리 알게 되니 편하잖아."**라는 의미를 주는 것 같고, 대화 당사자나 미팅 참여자들이 대부분 긍정적으로 받아들이고 나에게 이런 정보를 미리 주니 고맙다는 분위기를 읽을 수 있었어요.

직역하면 "머리를 들어라(?)" 같기도 하지요? 실제로 박사과정 공부를 할 때 연구실에서 일하고 있는데 디렉터가 문을 열고 들어오면서 Everyone heads-up.하고 경쾌하게 말할 때, 우리 RA(Research Assistant 연구조교)들은 컴퓨터를 보다가 모두 고개를 들고 경청한 적이 있어요. 그 때 뉴스는 우리 연구팀이 제출한 연구 제안서가 합격했다는 소식을 주던 상황이었지요. 이렇게 쉽고 간단하게 쓸 수 있는 heads-up 표현은 **자주 쓰이는 패턴으로 give나 as를 함께 써서 사용할 수 있어요.**

MP3

다양한 예문으로 오늘의 표현을 확인해 보세요.

- This note is to give you a heads-up that John will be arriving next month.
  이 메모는 다음 달에 존 씨가 온다는 소식을 미리 알려 줍니다.
- Thank you for the heads-up about the traffic jam on the highway.
  고속도로 정체에 대해서 미리 알려 주셔서 감사합니다.
- I want to give you a heads-up that the weather forecast predicts heavy rain today.
  오늘 일기예보에서 폭우가 예상된다는 걸 알려 주고 싶었어요.

대화를 하면서 오늘의 표현을 활용해 보세요.

대화문 1

A Hi all, this is a heads-up, but we are going to have a barbecue party at the pavilion in 2 weeks.
얘들아, 잘 들어봐, 미리 알려줄게. 우리는 2주 후에 파빌리온에서 바베큐 파티를 할 거야.

Let's get together and come up with a plan.
같이 계획을 짜 보자!

B Wow, thank you for the great heads-up!
와, 좋은 소식을 미리 알려 줘서 고마워!

대화문 2

A As a heads-up, I'll let you know what's going on next week.
다음 주에 무슨 일이 있는지 미리 알려 줄게요.

B Alright, we're all ears!
네, 알겠습니다. 우리는 모두 경청하고 있습니다.

bonus tip

미팅이나 여행 계획 등 앞으로 해야 할 일에 대해서 상대방에게 미리 귀띔해 줄 때 heads-up 표현을 사용해 보면 어떨까요?

Room

숨 쉴수 있는 여유의 폭

이번 단어는 **room**이에요. "방"이라고 알고 있는 이 단어는 미국 일상 대화에서 "숨 쉴 수 있는 여유의 폭" 정도의 의미로 자주 쓰이고 있어요. 흔히 우리가 흔히 말하는 **"네고의 폭"**이라는 의미로도 쓰여요. 보통 have 동사와 함께 쓰여, have room이라고 표현하기도 하고요, wiggle(흔들리다)를 사용해서 wiggle room이라고 재치있게 표현하기도 해요.

얼마 전에 학교로 가는 셔틀 버스 안에서 미국인 친구들이 어떤 업무의 데드라인을 정하면서 I don't have any wiggle room.이라고 말하면서 업무 기한에 대한 네고의 여지가 한 치도 없다고 웃으면서 말하기도 했어요. 다른 예로 우리가 자주 가는 커피숍에서 아메리카노를 주문할 때 주문을 받는 직원들이 Do you need room for cream?이라고 말하는 걸 자주 듣게 되는데요. 이 때의 의미는 크림을 넣을 수 있게 커피를 컵에 가득 담지 말고 조금 "여유있게 담아줄까요?" 정도로 의역할 수 있어요.

MP3

다양한 예문으로 오늘의 표현을 확인해 보세요.

- Is there enough room for me in this car?
  이 차 안에 내가 앉을 만한 충분한 공간이 있을까?
- We have room for more price negotiation.
  더 많은 가격 협상의 여지가 있어요.
- How about having breathing room between the workshops?
  워크샵 간에 여유 시간을 좀 가지는 건 어떨까요?

대화를 하면서 오늘의 표현을 활용해 보세요.

대화문 1

A I have a super tight schedule for this semester.
이번 학기에 정말 너무 바쁘게 스케줄을 잡은 것 같아.

B Oh, you want to have breathing room at some point to refresh, like having a day with no class.
아, 그래도 좀 쉴 수 있게 여유 있는 시간을 가지면 좋을 것 같아. 예를 들어 하루 정도는 수업 없는 날을 만든다든지.

대화문 2

A I want to buy this car, but the dealer said that it is $30,000.
이 차를 정말 사고 싶은데, 딜러 말로는 3만 불이래.

That is way over my budget...
내 예산보다 너무 높은데...

B How about telling the dealer to discount...hmm... about $5,000 maybe?
그 딜러한테 좀 깎아 달라고 하면 어때... 음 5천 불 정도?

I heard that usually car dealers have room to negotiate the price.
딜러들은 가격을 네고할 수 있는 범위를 보통 갖고 있다고 하더라고.

bonus tip

일상에서 일하다가 힘들거나 쉬고 싶을 때, Let's have some breathing room now. "좀 쉬는 시간을 가집시다."라고 말하면 어떨까요?

Not necessarily.

꼭 그런 건 아니야.

번역하면 "꼭 그런 것만은 아니야, 꼭 그럴 필요까지는 없어." 쯤이 될 수 있는 유용한 표현입니다. 대학원 수업을 들을 때, 미국인 친구들이 이 표현을 정말 많이 사용하는 걸 봤었어요.

예를 들어 "중간고사 성적이 B라고 해서, 꼭 기말고사 성적도 B가 된다는 건 아니잖아."를 말하고 싶을 때 Although your midterm grade is B, which does **not necessarily mean** that your final grade is B. 정도로 말할 수 있어요.

즉, 아직 노력하면 바뀔 수 있으니, 미리 극단적으로 생각하지 말라는 뉘앙스도 포함하고 있지요. 예문을 보면서 not necessarily 표현의 뉘앙스를 느껴 보아요.

MP3

다양한 예문으로 오늘의 표현을 확인해 보세요.

- High prices don't necessarily mean better quality.
  높은 가격이 반드시 더 좋은 품질을 의미하는 것은 아니다.
- Quiet people are not necessarily unfriendly.
  조용한 사람들이 반드시 불친절한 것은 아니다.
- Traditional jobs are not necessarily the only way to success.
  전통적인 직업이 반드시 성공의 유일한 길은 아니다.

대화를 하면서 오늘의 표현을 활용해 보세요.

대화문 1

A Wow, this car price is so good, only $10,000?
와, 이 차 가격 진짜 좋다. 1만 불 밖에 안 한다고?

I really want to buy it.
진짜 사고 싶다.

B Oh, calm down man.
야, 진정해.

That does not necessarily mean that the final price is $10,000.
그게 꼭 최종 가격이 1만 불이란 걸 의미하진 않아.

There might be a hidden fee.
숨은 비용이 있을 수 있다고.

Let's take a look at the contract more carefully.
계약서를 좀 더 잘 살펴보자.

대화문 2

A When is this homework due?
이 숙제 언제까지 내야 돼요?

B It's due tomorrow at midnight.
내일 자정이야.

You don't necessarily need to submit it right before midnight.
하지만 꼭 자정이 다 돼서 낼 필요는 없어.

Turning in anytime beforehand is recommended.
그전에 아무 때나 내는 게 더 좋을 것 같아.

bonus tip

"싼 게 꼭 좋은 선택은 아니야."라고 말하고 싶을 때, Low price does not necessarily mean it is the best option.이라고 말해보면 어떨까요?

What I want to do is ...

내가 하고 싶은 것은 바로 ...

I want to play with my friends.라고 말하면 “나는 친구하고 놀고 싶어.”라는 의미인데요, 어렸을 때 학교에서 영어를 배우면서 쉽게 쓸 수 있는 패턴이라고 생각해요.

하지만, “내가 하고 싶은 것은 친구랑 노는 것이야.”의 뉘앙스로 “내가 하고 싶은 것”을 **강조하면서 말하고 싶을 때** What I want to do is play with my friend.라고 말할 수 있습니다. 이 What I want to do is ... 패턴에서 **do만 다른 동사로 바꾸면, “내가 OOO하고 싶은 것은 ...이야.”**라는 패턴으로 자유자재로 말할 수 있어요.

MP3

다양한 예문으로 오늘의 표현을 확인해 보세요.

- What I want to do is call my mom tonight.
  내가 하고 싶은 것은 오늘 밤 엄마랑 통화하는 것이야.
- What I want to do is go shopping at the mall.
  내가 하고 싶은 것은 몰에서 쇼핑하는 것이야.
- What I want to do is watch a movie at home.
  내가 하고 싶은 것은 집에서 영화 보는 거야.

대화를 하면서 오늘의 표현을 활용해 보세요.

대화문 1

A Let's eat out tonight! What do you want?
오늘 외식하자! 뭐 먹고 싶어?

B Hmm, what I want to eat is... seafood Kalguksu noodle soup.
음... 내가 먹고 싶은 건... 해물칼국수야.

How about noodles?
면 요리 어때?

대화문 2

A Finally, tonight is game night!
드디어, 오늘은 게임하는 날이야!

What video game do you want to play?
어떤 비디오 게임을 하고 싶어?

B What I want to play tonight is... Tetris!
오늘 저녁에 하고 싶은 게임은... 테트리스야!

bonus tip

대화문1에서 보면 What I want to _______ is... 패턴을 그대로 쓰면서 저 빈칸에 eat 동사를 넣어서 "내가 먹고 싶은 건..."으로 응용을 한 것을 볼 수 있지요? is 뒤에는 음식이름 명사를 넣어서 아주 간편하게 표현했어요. 이렇게 "What I want to do is..."를 활용해서 "내가 하고 싶은 것은..."의 뉘앙스를 잘 살려서 말해보면 어떨까요?

Tedious job

너무 지루한 일

이번 표현은 Man~, it was a tedious job. "아, 그건 너무 지루한 일이었어."예요.

어제 버스에서 옆 부서에서 일하는 아저씨가 자신이 했던 프로젝트에 대해 말하면서 했던 말이에요. 보통 It was boring.이라는 말은 잘 알고 있지만, tedious라는 단어는 입 밖으로 잘 나오지 않는 편인 것 같아요. 실은 이 단어는 제가 서울 용산에서 미군 동료들과 일할 때 미군 친구들이 많이 쓰던 단어이기도 해요.

군에서 하는 일 중에 반복적이고 단순한 일을 할 때가 있는데요. 그때마다 미군 친구들은 **This is so tedious.**라고 하면서, **"아, 이 일은 너무 따분해."**라고 했던 기억이 나요. 다만 boring과의 차이점은 boring은 영화나 드라마가 지루하다는 뜻으로 That movie was so boring. "그 영화는 정말 지루하더라." 같이 쓸 수 있지만 tedious는 일이나 프로젝트가 지루하다고 말할 때 더 써요. 그리고 tedious에는 "지루하다"는 뜻 외에 짜증을 뜻하는 **frustration의 의미도 내포**하고 있기도 해요.

MP3

다양한 예문으로 오늘의 표현을 확인해 보세요.

- Such lists are long and tedious to read.
  그 리스트들은 정말 길고 읽기에 따분하고 짜증났어.
- It was a tedious journey
  그건 아주 지루한 여정이었지.
- Let's make our work fun, not tedious.
  우리 일을 지루하지 않게 재미있게 만듭시다.

대화를 하면서 오늘의 표현을 활용해 보세요.

대화문 1

A This project has been so tedious lately.
이 프로젝트는 최근에 정말 지루해졌어.

B Yeah, I know.
맞아.

Let's find a way to make it more enjoyable.
더 즐거운 방법을 찾아보자.

대화문 2

A I find these tasks really tedious.
이 작업들이 정말 지루하네요.

B Let's brainstorm to make the work more efficient.
작업을 더 효율적으로 만들기 위해 아이디어를 모아봅시다.

bonus tip

"여러분들의 하루가 절대 tedious하지 않기를 바랍니다!"라는 뜻으로 I hope everyone's day is never ever tedious!라고 친구와 동료에게 말해보면 어떨까요?

Consult someone.

조언을 받으세요.

한국에서도 컨설팅, 컨설턴트 등으로 많이 쓰이고 있는 단어인 consult인데요, 하지만 미국 친구들이 이 단어를 문장에서 쓰는 패턴이 좀 생소했어요. 얼마 전에 제 윗니가 아플 때 친구에게 말했더니, You should consult a dentist.라고 저에게 말했거든요.

저는 속으로, "응? Consult a dentist? 내가 치과의사 선생님을 컨설팅 해줘야 하나?"하고 생각했는데요, 알고 보니 **consult라는 단어 자체에 "~로부터 조언을 구하다/받다"**라는 뜻이 포함되어 있기 때문에 consult 동사 뒤에 바로 조언을 구할 대상인 전문가를 말하면 되는 패턴이란 걸 깨달았어요.

즉, **You should consult a dentist.**는 "**치과의사 선생님한테 가서 상담받아 봐.**"로 해석될 수 있어요.

MP3

다양한 예문으로 오늘의 표현을 확인해 보세요.

- You should consult a financial expert.
  재정 전문가로부터 조언을 받는 게 좋겠어.
- Consult your physician[1] before using this fitness bike.
  이 피트니스 자전거를 사용하기 전에 의사와 상의하십시오.
- How about consulting your boss for this project?
  이 프로젝트에 대해 상사와 상의해 보는 건 어떠세요?

대화를 하면서 오늘의 표현을 활용해 보세요.

대화문 1

A I have concerns about the new project.
새 프로젝트에 대해 걱정이 좀 있어요.
Who do you think I can talk to?
누구에게 얘기해볼까요?

B Oh, I understand.
그렇군요.
I suggest you consult your director about it.
그런 경우 부장님과 상담해 보는 것이 좋을 것 같아요.

대화문 2

A I'm struggling with editing the final budget report.
최종 예산 보고서를 편집하는 데 잘 안돼서 너무 힘들어요.
What should I do?
어떻게 하면 좋을까요?

B Go ahead and consult Manager Lee.
이 매니저님께 가서 여쭤보세요.
She is an expert on editing documents.
문서 편집을 정말 잘 하시거든요.

bonus tip

1 physician 내과 의사

2 오늘 표현처럼 뭔가 상의할 일이 생겼을 때, 간단하게 consult 뒤에 전문가를 넣어서 말해보면 어떨까요?

I'll take that out.

그건 뺄게요.

이번 표현은 **I'll take that out.** **"그건 뺄게요."**입니다. take 동사는 아주 많은 용도로 쓰이는데요, **out**과 함께 쓰면 **"잡아서 빼다/제거하다"**의 뜻이에요.

지난 주말에 아내의 생일을 맞아 오랜만에 가족과 함께 외식을 했는데요, 멤버십이 있는 사람은 생일에 디저트를 무료로 준다고 했어요. 하지만 음식을 맛있게 다 먹은 후에, 직원분이 계산서(bill)를 주면서 저희 회원 정보(account)에서 디저트 무료 쿠폰을 못 찾겠다고 하더라고요. 매니저분까지 오셔서 자초지종을 들어보니, 저희가 오늘 아침에 가입해서 쿠폰이 아직 안 생긴 것 같다고하더라고요.

홈페이지에는 그런 안내가 없었다고 어떻게 하면 좋겠냐고 물어 봤어요. 그랬더니, 매니저분이 말씀하시길 **I'll take that out.** **"그럼 그건 영수증에서 뺄게요."**라고 답해 주셨답니다. 아래 영수증에서 보듯이 디저트에는 마이너스(−) 표시로 청구금액에서 뺀 것을 볼 수 있어요.

BBQ Chicken Pizza 18.99
Birthday\nDessert -11.74
****
You can share feedback or ask

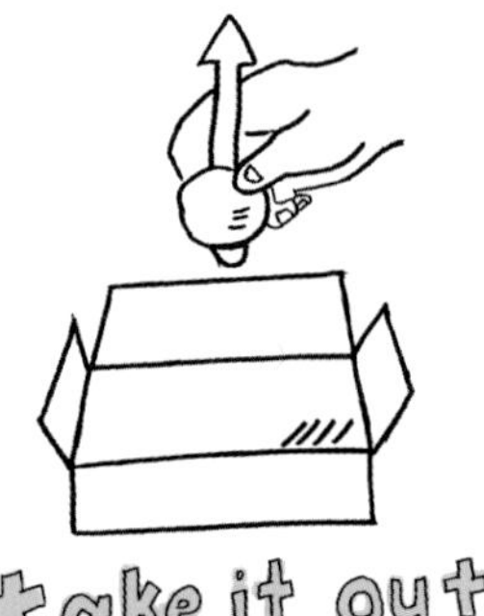

MP3

다양한 예문으로 오늘의 표현을 확인해 보세요.

- Please take out cheese.
  치즈는 빼 주세요.
- How about taking out column A from this excel sheet?
  이 엑셀 시트에서 칼럼 A는 삭제하는 게 어때요?
- The dentist had to take out two of my friend's teeth.
  그 치과의사 선생님은 내 친구의 이 중에 두 개를 빼야만 했다.

대화를 하면서 오늘의 표현을 활용해 보세요.

대화문 1

A I heard about the new policy about personal items in the shared workspace.
공유 작업 공간에 두는 개인 물품에 대해서 새로운 정책이 생겼다고 들었어요.

B Yeah, the director wants everyone to take them out at the end of the day.
네, 부장님이 개인 물품들을 오늘까지 빼라고 하셨대요.

대화문 2

A Excuse me, there is too much ice in my drink.
저기요, 실례합니다만, 제 음료에 얼음이 너무 많아요.

Can you take it out, please?
좀 빼주시겠어요?

B I'm sorry for that.
죄송합니다.

Yes, I'll take that out right away.
네, 바로 빼드리겠습니다.

bonus tip

식당에서 외식하고 확인하는 영수증에서, 혹은 엑셀 시트에서 뭔가 빼야 좋을 내용을 발견했을 때, Let's take that out. "저건 빼자."라고 말해보면 어떨까요?

1 take out that/it이 아니고, 왜 take that/it out으로 말했을까요?

that/it이 대명사라서 이미 알고 있는 정보이므로 중간에 넣어요. 보통 명사라면 take out the extra charge "그 금액은 빼주세요"처럼 뒤에 넣을 수 있습니다.

2 한국에서 많이 말하는 테이크아웃(포장 음식) 주문은 두 단어를 붙인 합성어 compound noun 이에요. 따라서, takeout으로 붙여 씁니다.
Let's just order takeout. "우리 테이크아웃(포장 주문)으로 시키자."

Temperature fluctuates.

온도가 들쑥날쑥하네.

이번 표현은 (outside) temperature fluctuates. "**온도가 들쑥날쑥하네/널뛰기하네**"예요.

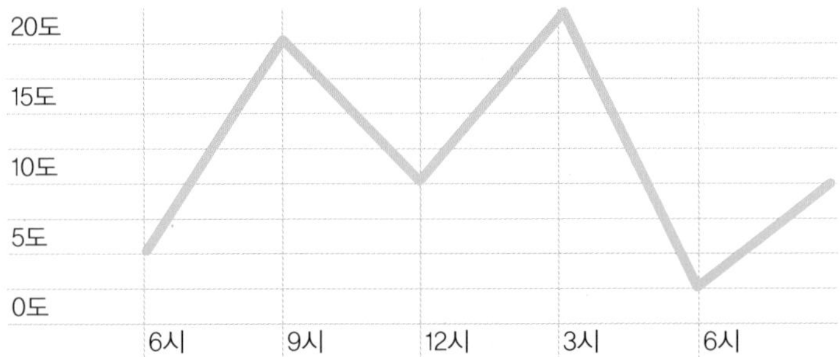

제가 있는 미국 중서부 지역은 날씨가 급변하기로 유명한데요, 오늘도 아침에는 섭씨로 20도, 밤에는 4도가 돼서 일교차가 16도가 났어요. 오늘 아침 출근 셔틀 버스에서 한 친구가 **Man, recently outside temperature fluctuates.**라고 말했어요. "**요즘 기온이 들쑥날쑥이네(널뛰기하네).**"의 뜻이었지요.

이렇게 온도나, 값, 가격 등 어떤 정보들이 오르락내리락할 때 fluctuate라는 표현을 써서 편하게 말할 수 있습니다. 특히 그래프에서 값의 상하 변동을 설명할 때 많이 써요.

MP3

다양한 예문으로 오늘의 표현을 확인해 보세요.

- The selling amount for last year fluctuated.
  작년 판매량은 오르락내리락 했습니다.
- The stock prices tend to fluctuate based on market conditions.
  주식 가격은 시장 상황에 따라 변동하는 경향이 있습니다.
- The temperature in the region can fluctuate dramatically throughout the day.
  그 지역의 온도는 하루 내내 급격하게 변할 수 있습니다.

대화를 하면서 오늘의 표현을 활용해 보세요.

대화문 1

A Have you noticed that our monthly expenses fluctuate?
우리 한 달 생활 비용이 들쑥날쑥한 것 알고 있었어?

B Yes, it's because utilities and grocery bills vary each month.
응, 그건 공과금과 식료품 비용이 매달 다르기 때문인 것 같아.

대화문 2

A How's the performance of the company stock you invested in?
새로 투자한 회사 주식은 요즘 어때?

B It fluctuated recently.
최근에 변동이 좀 있더라.

bonus tip

학교에서나 직장에서 발표할 때 어떤 값이 위아래로 변동하는 패턴을 보이면 This data fluctuates like this. "보시는 바와 같이 이 값은 위아래로 변동하고 있습니다."라고 말해 보면 보면 어떨까요?

Keep momentum.

동력을 유지하세요/계속 하세요.

momentum은 "**동력, 가속력, 관성**"의 뜻을 갖고 있는 단어예요. 미국 친구들 사이에서 아주 많이 쓰는 단어인데요, 긍정적인 의미로 **Keep your momentum.**이라고 말하면 "**동력을 유지하고, 지치지 말고 관성을 유지하면서 계속하세요.**"의 뜻을 갖고 있어요.

요즘은 한국의 방송매체나 SNS 영상 등에서도 "모멘텀이 강하다"와 같이 일상적으로 쓰는 분들도 늘어나고 있는 것 같아요.

MP3

다양한 예문으로 오늘의 표현을 확인해 보세요.

- The ball did not have enough momentum to reach him.
  그 공은 그 사람이 있는 곳까지 가기에는 동력이 부족했다.
- My team kept our momentum to overcome the challenges.
  우리 팀은 도전을 이겨내기 위해 우리의 힘과 에너지를 유지했습니다.
- This player was trained to keep his momentum to win.
  이 선수는 승리를 위해 자신의 동력을 유지하도록 훈련받았습니다.

대화를 하면서 오늘의 표현을 활용해 보세요.

대화문 1

A Hi, how's your new project going at work?
안녕하세요, 새 프로젝트는 어떻게 진행되고 있나요?

B It's going well.
잘 되고 있어요.
My team keeps its momentum by setting small goals.
우리 팀은 작은 목표를 세움으로써 모멘텀을 유지하고 있어요.

대화문 2

A I heard you started a new workout routine.
네가 새로운 운동 루틴을 시작했다는 소문 들었어.
How's it going?
어떻게 되고 있어?

B I'm determined to keep my momentum by regularly visiting the gym.
꾸준히 헬스장을 다니면서 모멘텀을 유지하기로 결심했어.

bonus tip

친구나 동료가 슬럼프로 힘들어 할 때, Keep your momentum! "지치지 말고 힘내서 계속 하세요!" 라고 응원해 주면 어떨까요?

비즈니스

073

Dress up

잘 차려 입다

미국에 와서 영어표현들을 접하면서 참 편하게 사용되는 표현들이 많다고 느끼는데요, "잘 차려입다"를 뜻하는 dress up도 정말 간단한 표현인 것 같아요. dress와 up이 결합하여 심플하게 "옷을 잘 차려입다"라는 뜻이 되거든요.

보통 주말에 파티에 가거나 행사에 갈 때, 정장이나 예쁜 옷들을 입곤 하는데요, 그때 **Wow, what makes you dress up today? "와, 오늘 왜 이렇게 차려 입었어요?"** 라고 물어 볼 수 있어요.

혹은 파티에 갈 때 What is the dress code? Do we need to dress up? "옷 입는 dress code가 있던가? 우리 잘 차려 입어야 돼?"라고 물어볼 수도 있지요.

MP3

다양한 예문으로 오늘의 표현을 확인해 보세요.

- You can wear any comfortable clothes. You don't need to dress up.
  편한 옷을 입으세요. 잘 차려입을 필요는 없어요.
- Jassica decided to dress up as her favorite movie character for this Halloween.
  이번 할로윈 때, 제시카 씨는 가장 좋아하는 영화 캐릭터로 입기로(분장하기로) 결정했습니다.
- The company's executives chose to dress up for the important event.
  회사 임원들은 중요한 행사를 위해 잘 차려입기로 했습니다.

대화를 하면서 오늘의 표현을 활용해 보세요.

대화문 1

A Did you see the memo about the client meeting next week?
다음 주 고객 미팅에 대한 메모 봤어요?

B Yes, I did.
네, 봤어요.

I think we should dress up for that one, because a professional appearance can make a difference.
그날은 정장을 입을까 생각 중이에요. 전문적인 모습이 차이를 만들 수 있으니까요.

대화문 2

A The HR team is organizing a casual Friday event.
인사팀에서 캐주얼한 금요일 이벤트를 준비 중이래요.

Are you going to dress up for it?
잘 차려입고 갈 거예요?

B I'm thinking of going with a business casual style.
저는 비즈니스 캐주얼 스타일로 참여하려고 생각 중이에요.

bonus tip

직장 동료나 친구가 멋있고 예쁘게 잘 차려 입었다면 Wow, you're dressed up, do you have any good events today? "와, 멋있게/예쁘게 잘 차려 입었네요. 오늘 무슨 좋은 일 있어요?"라고 물어보면 어떨까요?

Kind of

어느 정도 그래요

미국에서 영어를 하면서 정말 정말 많이 쓰는 표현 중에 하나인데요, 어떤 의견을 말할 때 정확하지는 않지만 “어느 정도 그렇다”는 의미로 쓸 때 말해요. 어제 우리 부서 월간 미팅에서 데이터가 위 아래로 fluctuate(널뛰다)하는 모습에 대해서 이야기하면서 동료가 이 표현을 썼어요.

As you see, the data here kind of fluctuates. “보이는 것처럼 여기 이 데이터는 어느 정도(약간) 널뛰는 모습을 보입니다.”라고 말하면서, “조금 널뛰죠?”라는 뉘앙스를 담아 말했답니다.

MP3

다양한 예문으로 오늘의 표현을 확인해 보세요.

- The new rule is kind of confusing.
  그 새 규칙은 조금 헷갈리는 것 같아요.
- I'm feeling kind of tired today.
  오늘 조금 피곤한 것 같아요.
- The event was kind of boring.
  그 행사는 조금 지루했어요.

대화를 하면서 오늘의 표현을 활용해 보세요.

대화문 1

A How is your new job?
새로운 직장 어때요?

B It's kind of demanding, but I'm learning a lot.
좀 힘들긴 한데요, 많이 배우고 있어요.

대화문 2

A Have you tried the new restaurant around the corner?
근처에 있는 새로운 식당에 가 봤어요?

B Yeah, I did.
네, 가 봤어요.

The food was kind of good, but the price was a bit expensive.
음식은 어느 정도 괜찮았는데요, 가격이 좀 비싸더라고요.

bonus tip

1 정확하지는 않지만, 그리고 너무 강하게는 아니지만 본인의 의견을 말하고 싶을 때, "어느 정도는 그래요."의 의미로 kind of를 써서 말해보는 건 어떨까요?

2 kind of와 거의 같은 뜻을 가진 표현으로 sort of도 있어요. kind of는 미국 영어에서 많이 쓰이고, sort of는 영국 영어에서 많이 쓰입니다.

I'm sorry, but he's just kind of lost interest in buying this car.
미안하지만, 저 분은 이제 차 구매에 관심이 없어진 것 같아.

My friend spent the whole month sort of traveling the country.
내 친구는 전국 여행 비슷하게 하면서 한 달을 보냈다.

One thing at a time

한 번에 한 개

이번 표현은 **One thing at a time.** **"한 번에 한 개씩 하자."**예요.

대학원에서 박사과정 코스워크를 할 때, 읽어야 할 책과 논문의 리딩(reading) 양이 너무 많고 쓸 것도 많고 해서 모든 학생들이 다 힘겨워(overwhelmed) 했었어요. 그 때 한 교수님께서 하신 말씀은, No rush, one thing at a time. "너무 조급해 하지 마세요. 한 번에 한 개씩 하세요."였습니다.

한 번에 한 개에만 집중해서 하는 것, 이 말을 미국 사람들은 아주 많이 쓰더라고요. 즉, 이것 저것 막 동시에 하려고 하지 말고 시간을 정해서 10분이면 10분, 20분이면 20분, 이 시간에 딱 1개의 일만 집중해서 생산성있게 하고, 그 다음 일로 넘어가라는 의미예요.

MP3

다양한 예문으로 오늘의 표현을 확인해 보세요.

- We have some problems, but let's take one thing at a time.
  문제가 몇 가지 있지만, 한 번에 한 가지씩 해결하면서 하자.
- When I work, I prefer to focus on one thing at a time.
  저는 일할 때, 한 번에 한 가지에 집중하는 것을 선호합니다.
- My director always told me the importance of completing one task at a time.
  부장님은 한 번에 하나의 작업을 완료하는 중요성에 대해 항상 말씀하셨습니다

대화를 하면서 오늘의 표현을 활용해 보세요.

대화문 1

A: You seem busy recently.
요즘 바쁘신 것 같아요.

How do you manage your tasks?
일들을 어떻게 처리하고 계세요?

B: Yeah, I have a lot on my plate, but I'm taking it one thing at a time.
네, 할 일이 정말 많네요. 하지만 한 번에 하나씩 잘 처리하고 있어요.

대화문 2

A: I heard that you're learning a new language.
새로운 언어를 배우고 있다고 들었어요.

How's it going?
어떻게 되가요?

B: It's challenging.
조금 어려워요.

I try to focus on one thing at a time, like learning one word per day.
한 번에 한 가지에 집중하려고 노력하고 있어요, 하루에 한 단어씩 공부하려고요.

bonus tip

학교에서나 직장에서 일이나 공부가 너무 많아서 "이걸 어떻게 하지?"하고 overwhelmed 되었을 때, No worries, let's do one thing at a time. "걱정 말고 한 번에 하나씩만 하자."라고 말하면서 자신을 격려하고 다시 용기를 내면 어떨까요?

High-maintenance

손이 많이 가는 관리

maintenance(관리/정비/유지)는 미국 생활에서 아주 많이 쓰는 단어입니다. 얼마 전 저희 장인어른께서 오래된 봉고차를 폐차시키셔서 제 둘째 아들이 "우리 한국에 가면 걸어다녀야 돼요? 할아버지 차가 없잖아요…" 라고 걱정했어요. 오래된 차는 maintenance cost가 너무 드니 폐차하는 경우도 있다고 하면서 이 표현에 관한 이야기가 시작됐어요. A high-maintenance car는 "유지비가 많이 들어가는 차"라는 뜻입니다.

사람한테도 high-maintenance 표현을 쓸 수 있는데요, **"손이 많이 가는 스타일이야."**라는 뜻입니다. 동료 중에 유독 손이 많이 가고 알려 줄 게 많은 스타일의 사람들과 일해 본 경험이 있을텐데요, 그런 경우에 **He/She was a high-maintenance teammate. "그 사람이랑 일하면서 참 손이 많이 갔어."**라고 말할 수 있습니다. 반대로, 별로 관리가 없어도 알아서 척척하는 사람은? 맞아요. low-maintenance를 사용해서, He/She is a low-maintenance person. "그 사람은 알아서 척척 잘해, 관리가 필요 없어."라고 말하면 됩니다.

MP3

다양한 예문으로 오늘의 표현을 확인해 보세요.

- This sports car requires high maintenance, including frequent tune-ups and expensive repairs.
  이 스포츠카는 잦은 튜닝과 비싼 수리 등의 고비용 관리가 필요합니다.
- Your bad behavior would make you seem tiring and high-maintenance to your boss.
  당신의 나쁜 행동은 상사에게 당신이 아주 피곤하고 손이 많이 가는 사람으로만 보이게 만들 거예요.
- Mike is a high-maintenance colleague as he keeps asking for additional support.
  마이크는 추가 지원을 계속 요청하는 손이 많이 가는 동료입니다.

대화를 하면서 오늘의 표현을 활용해 보세요.

대화문 1

A I heard that you moved to a new apartment.
새 아파트로 이사 갔다는 소식 들었어.
How's it going?
어때?

B It's good, but the place is a bit high maintenance for the heating and cooling systems.
좋아. 근데 그 집은 난방 및 냉방 시스템에 유지 비용이 많이 드는 편이야.

대화문 2

A How's your new colleague?
새로 온 동료 어때?

B She is nice, but a bit high maintenance.
좋아. 하지만 조금 손이 많이 가는 스타일이야.
She wants detailed updates on every project.
모든 프로젝트에 대해 자세한 업데이트를 원하더라고.

bonus tip

취업 인터뷰를 볼 때, "저는 일을 잘 하고 저와 함께 일하시면 별로 신경 쓰실 게 없을 겁니다! 저를 뽑아 주세요."라는 의미로 You should hire me, because I am a low-maintenance person. 라고 말해보면 어떨까요?

On the same page

같게 이해하다

이 표현은 팀 프로젝트를 할 때 아주 많이 쓰는 표현인데요. **Make sure everyone's on the same page.**라고 말하면 "모든 팀원이 이 프로젝트에 관해서 같은 이해를 하고 있도록 확실히 하세요."의 뜻이 돼요.

즉, 어떤 일을 할 때 타임라인이라던지 목표 등을 모두 똑같이 이해하고 있어야 일의 진행이 효율적이 될테니 서로 다르게 이해하는 것이 없도록 하자는 뜻입니다.

이 표현도 아주 직관적이고 심플합니다. 마치 여러 명이 책을 같이 보고 있는데, 혹시 다른 페이지를 보고 있는 사람이 있을 수도 있으니 "자, 우리 다 같은 페이지(on the same page)를 보고 있는지 확인합시다."의 뜻으로 말할 수 있어요. 즉, "지금 일어나고 있는 상황에 대해 같은 이해를 합시다."라는 의미가 되는 표현입니다.

MP3

다양한 예문으로 오늘의 표현을 확인해 보세요.

- We realized that not everyone was on the same page regarding the timeline.
  우리는 타임라인에 대해 모두가 다르게 알고 있다는 것을 알게 되었어요.
- All stakeholders should be on the same page when discussing the new marketing strategy.
  새로운 마케팅 전략을 논의할 때, 모든 이해관계자들은 동일한 이해를 하고 있어야 합니다.
- Our director emphasized the importance of us being on the same page in terms of the issues.
  팀장님은 그 이슈들에 대해 우리가 모두 동일하게 이해하는 것이 중요하다고 강조했습니다.

대화를 하면서 오늘의 표현을 활용해 보세요.

대화문 1

A I found that our team members have different expectations on deadlines.
팀 멤버들이 마감 기한에 대해 서로 다르게 알고 있는 것 같아요.

B Agreed.
동의해요.
Let's have a meeting to get everyone on the same page about the schedule.
일정에 대해 모두가 동일하게 알고 있을 수 있도록 미팅을 한번 합시다.

대화문 2

A Are we ready for the client meeting next week?
다음 주에 고객 미팅 준비는 잘 되었나요?

B Not yet.
아직 아닌 것 같아요.
Let's meet tomorrow to ensure everyone's on the same page about the issues.
모두가 이슈들에 대해 동일하게 이해하고 있을 수 있도록 내일 미팅을 한번 하시죠.

bonus tip

학교나 직장에서 혹은 집에서 다른 사람들과 어떤 일을 같이 할 때, "우리 다 같은 이해를 하고 있도록 확인합시다."의 의미로 Let's make sure we're on the same page.라고 말해 보면 어떨까요?

On track

제대로 하고 있다

이번 표현은 **on track "제대로 하고 있다", "정상 범주에 있다"**입니다.

이 표현도 아주 직관적인 표현인데요, 우리가 잘 알고 있듯이 on은 어딘가의 위에 있다는 뜻이고, track은 기찻길을 뜻하기도 하고, 운동장에서 뛰는 육상 트랙을 말하기도 합니다. 직역하면 **"트랙 위에 있다"는 뜻**으로 트랙 밖의 울퉁불퉁한 자갈밭이 아닌, 잘 닦인 트랙 위를 문제없이 잘 달리고 있다는 뜻이 되지요. 따라서 어떤 일의 진행 상황에서 우리의 현 상황을 볼 때 Are we on track?이라고 말하면 "우리 제대로 하고 있는 거 맞지?"의 뜻이 됩니다.

어제 아이들 학교에서 선생님-학부모 미팅(Teacher-Parent Conference)이 있어서 다녀 왔는데요, 아이들의 학업 영역을 보여 주면서 선생님께서 He's on track. "아이는 우리 학년의 목표에 맞게 잘 하고 있습니다."라고 말씀해 주셨어요. 만약 좀 뒤처진다면 He's behind.라고 하셨을 거예요.

만약 잘 안되고 있다면, 마치 기차가 선로를 이탈한 것처럼 표현해서 **off track "제대로 안 된다", "정상 범주에서 벗어 났다"**라고 표현할 수도 있습니다. 예를 들어 This project is off track.이라고 말한다면, "아 프로젝트는 잘 안되고 있어."라고 할 수 있지요.

MP3

다양한 예문으로 오늘의 표현을 확인해 보세요.

- We do our best to keep the economy on track.
  우리는 경제를 성공적으로 유지하기 위해 노력하고 있습니다.
- The project seems a little off track.
  그 프로젝트는 성공으로부터 약간 벗어난 것으로 보인다.
- What can be done to make sure our project is back on track?
  프로젝트가 다시 올바른 방향으로 나아가도록 하려면 어떤 조치를 취해야 할까요?

대화를 하면서 오늘의 표현을 활용해 보세요.

대화문 1

A How do you feel about the project's progress?
프로젝트 진행 상황에 대해 어떻게 생각하세요?

B Honestly, I think we're a bit off track.
솔직히 말해서, 조금 잘 안되고 있는 것 같아요.
The timeline is slipping, and some tasks are behind schedule.
일정이 미뤄지고, 몇 가지 작업이 일정보다 뒤처져 있어요.

대화문 2

A The project deadline is approaching.
프로젝트 마감 기한이 다가오고 있어요.
Are we on track?
우리 계획대로 진행되고 있나요?

B I believe so.
네, 그런 것 같아요.
Most tasks are progressing as planned, and we're staying on schedule.
대부분 작업이 계획대로 진행되고 있고, 일정을 지켜가고 있어요.

bonus tip

학교나 직장에서 혹은 가정에서 여러분이 무슨 프로젝트를 하고 있을 때, We're surely on track. "우리는 진짜 잘 하고 있어."라고 말하면서 나 자신과 동료들을 격려해 보면 어떨까요?

Time blocking

집중할 시간 할당

요즘 많은 분들이 달력이나 하루 계획표에 "몇 시부터 몇 시까지는 이걸 하고, 그 다음 몇 시부터 몇 시까지는 이걸하자."라고 표시하지요? 미국에서는 이렇게 달력에 시간을 할당하고 일을 할당하는 걸 time blocking 즉, "시간을 블록처럼 잘라서 집중할 시간을 만드는 것"이라고 합니다.

block은 우리가 알고 있는 "**블록**"이라는 뜻이고 이 블록 안에 30분이면 30분, 1시간이면 1시간 단위로 잘라서, 그 시간에는 다른 것은 하지 않고 정한 한 가지 일에만 집중하는 time management skill(시간 관리 기술) 중에 하나예요.

다양한 예문으로 오늘의 표현을 확인해 보세요.

- I have 20-minute time blocks on my daily schedule.
  나는 하루 스케줄에 20분씩 타임 블록이 있어.
- I need to start time blocking next week to complete the project.
  그 일을 완수하려면 다음 주 시간을 잘 쪼개야 돼.
- I always time block my mornings for better productivity.
  저는 생산성을 높이기 위해서 항상 제 아침 시간을 잘 쪼개서 사용해요.

대화를 하면서 오늘의 표현을 활용해 보세요.

대화문 1

A How do you manage your workload?
많은 일들을 어떻게 처리하세요?

B I've been using time blocking to allocate tasks into the schedule.
저는 작업들을 스케줄에 맞게 할당하면서 처리하려고 시간을 잘 쪼개서 사용하고 있어요.

대화문 2

A I'm struggling to find time for the upcoming projects.
곧 다가오는 프로젝트를 위한 시간을 내기가 어렵네요.

Any advice?
조언해 줄 수 있어요?

B Have you tried time blocking?
시간을 블록 단위로 쪼개봤어요?

It's a technique that helps you allocate time to different tasks.
다양한 작업에 시간을 할당하는 데 도움이 되는 기술이에요.

bonus tip

여러분이 일상에서 해야 할 일이 많아서 너무 일들이 겹치고 산만할 때, 집중해서 1개만 1시간 블록에 완수할 수 있도록 I need to start time blocking my schedule. "내 일정의 시간들을 블록 단위로 쪼개야 겠어."라고 말해보면 어떨까요?

Go ahead!

어서 가서 편하게 하세요!

일상에서 정말 많이 쓰는 표현인데요, 상대방이 뭔가를 해도 되는지 조금은 걱정스러운 마음을 담고 질문을 할 때 흔쾌히 "네, 그럼요, 그렇게 해도 돼요, 어서 하세요."라는 의미로 쓸 수 있어요.

예를 들어, 우리 아이들이 피아노 가게에서 큰 그랜드 피아노를 한번 쳐 보고 싶은데, 쳐도 되는지 주저하는 마음으로 직원에게 May I play the piano please? "저 피아노 쳐 봐도 돼요?"라고 물어 본 적이 있었어요. 그 때 그 직원 분이 Sure, please **go ahead and feel free to play**. "네, 물론이죠. **지금 바로 편하게 치시면 됩니다.**"라고 답해 주었답니다.

나 자신에게도 이 표현을 말할 수도 있는데요, **I'll go ahead and get this thing done now.**라고 말하면 "아 지금 당장 이 일을 해치워 버려야지."라는 뜻으로 self-determination(자기 의지) 의미도 담고 있어요. 즉, "**주저 말고 지금 하세요.**"라는 뜻을 다른 사람에게도, 나에게도 전할 수 있는 기분 좋은 표현이에요.

MP3

다양한 예문으로 오늘의 표현을 확인해 보세요.

- Go ahead and eat before everything gets cold.
  음식들이 식기 전에 어서 드세요.
- Please go ahead and share your ideas with the team during the meeting.
  회의 중에 아이디어를 팀에게 편하게 알려 주세요.
- You have my approval to go ahead and implement the changes.
  제가 승인할테니 어서 그 변경사항들을 실행하세요.

대화를 하면서 오늘의 표현을 활용해 보세요.

대화문 1

A I'm not sure if the client will like the new design.
저는 고객이 새로운 디자인을 좋아할지 확신이 없어요.

B Don't worry, go ahead and present it to the client with confidence.
걱정 마세요. 자신 있게 고객에게 그 디자인을 보여 주세요.

대화문 2

A Do you mind if I book the conference room for our team presentation?
우리 팀 프레젠테이션을 위해 회의실을 예약해도 괜찮을까요?

B No problem at all, go ahead and book it.
전혀 문제 없어요. 편하게 예약하세요.

bonus tip

직장이나 학교에서 혹은 일상에서 누군가 무슨 일을 하고 싶어 하는데 주저할 때, No worries. Go ahead and feel free to do that! "걱정하지 말고 어서 가서 그 일을 편하게 하세요!"라고 말해주면 어떨까요? 물론 나 자신에게도 말하면서 격려를 해주면 더 좋을 것 같아요. Go ahead and do it!

First things first.

중요한 걸 먼저하자.

아주 직관적이고 심플한 표현으로 어떤 일을 하거나 미팅을 할 때, 혹은 대화 중에 상대방에게 "자~ 우리 많은 것들 중에서 중요한 걸 먼저합시다!"라는 뜻으로 많이 쓰는 표현이에요. 처음 두 단어 **first things**는 "**우선순위가 있는 첫 번째 것들**"의 뜻이 되고, 뒤에 있는 **first**는 "**먼저 하자**"의 뜻이 됩니다.

비즈니스 상황에서 여러가지 바쁜 일을 수행할 때 "잠깐, 제일 중요한 일이 뭐지?" 라고 혼잣말로 혹은 동료들과 상의해 보신 적이 있을 것 같아요. 그럴 때 제 미국 동료들은 "제일 중요한 걸 먼저하자!" 라는 뜻으로 이 First things first! 를 말하곤 합니다. 이 말을 들으면, 다른 사람들도 Yes, you're right. "그래요, 그 말이 맞아요."라고 하면서 다른 일을 하지 않고 제일 중요한 일을 함께 하곤 했습니다.

MP3

 다양한 예문으로 오늘의 표현을 확인해 보세요.

- We must learn how to put first things first.
  우리는 어떻게 하면 중요한 일을 먼저할 수 있는지 배워야 합니다.
- Before we start the project, first things first, let's gather all the information.
  프로젝트를 시작하기 전에, 먼저 해야 할 일로 모든 정보를 모읍시다.
- First things first, I will establish a clear goal for the meeting.
  가장 먼저 해야 할 일로 회의를 위한 명확한 목표를 수립하겠습니다.

 대화를 하면서 오늘의 표현을 활용해 보세요.

대화문 1

A Let's see, oh, first things first, did you review the budget proposal I sent you?
자, 봅시다. 아 참, 중요한 걸 먼저 하죠. 제가 보내드린 예산 제안서를 보셨는지요?

B Yes, I did.
네, 봤어요.
We should schedule a meeting to discuss any issues.
이슈들에 대해서 논의하기 위해서 미팅을 하시죠.

대화문 2

A Did you check if the equipment for the workshop was set up?
워크샵을 위한 장비가 잘 설치되었는지 확인했어요?

B Not yet, but first things first, I'll ensure everything is in the right place.
아직요. 하지만 먼저 모든 것이 제 자리에 잘 놓여 있는지 확인할게요.

bonus tip

일이나 과제, 숙제 등이 너무 많아서 바쁜 우리들. 바쁠 때일수록 무엇이 제일 중요한지 생각해보고 제일 중요한 걸 먼저 하나씩 처리할 수 있도록 First things first.를 외치며 오늘도 하루를 시작하면 어떨까요?

The bottom line is ...

결론은 ... 이겁니다.

이 표현도 일상 대화나 이메일을 쓸 때 자주 쓰는 표현으로, 상의하고 있는 내용 중에서 제일 중요한 것이나 어떤 의견, 결론을 말할 때 쓸 수 있습니다.

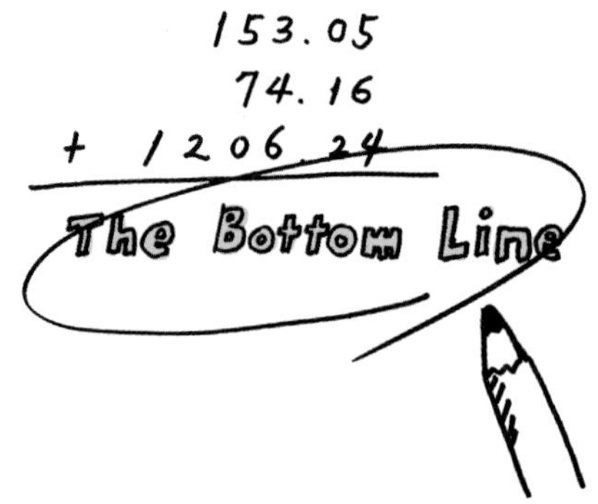

bottom은 "**바닥/제일 밑**"이라는 뜻이고 **line**은 "**줄**"을 의미해요. 우리가 회계장부를 쓸 때 제일 마지막 줄에 남은 돈의 총액을 쓰듯이, 전후좌우 사정을 다 들은 후에 "**결론은 이것입니다.**"라고 말할 때 쓸 수 있어요.

최근에 물건을 하나 샀는데요, 물건 금액이 이틀 만에 60불이 떨어져서 price match "가격 맞춰 주기"(*18번째 표현 참고)를 해달라고 요청했었어요. 그런데 회사 정책상 처음에는 안 된다고 하더니 상사랑 이야기해 본 후에 예외적으로 이번만 해주겠다고 말하더라고요. 그때 그 직원이 **The bottom line is that we will refund the difference.** "결론은 저희가 그 차액을 환불해 드리기로 했습니다."라고 말했어요.

MP3

다양한 예문으로 오늘의 표현을 확인해 보세요.

- The bottom line is that this project is not profitable.
  결론은 이 프로젝트는 돈을 벌기 어렵다는 점이다.
- Despite the economic challenges, the bottom line is that the project was a success.
  그 경제적 난관에도 불구하고, 결론은 이번 프로젝트는 성공적이었습니다.
- The bottom line is that we need to increase sales to meet our yearly targets.
  결론은 우리가 연간 목표치를 달성하기 위하여 판매량을 늘려야 한다는 점입니다.

대화를 하면서 오늘의 표현을 활용해 보세요.

대화문 1

A We should consider a cost-cutting strategy.
비용 절감 전략을 생각해 봐야 할 것 같아요.

B I see, but the bottom line is that we need to improve the quality of our products.
맞아요, 하지만 결론은 제품의 질 향상도 중요하다는 점이에요.

대화문 2

A I heard that there were some challenges for our project implementation.
프로젝트 실행 중에 일부 어려움이 있었다고 들었어요.

B True, but the bottom line was that our project was a success.
맞아요, 하지만 결국 우리 프로젝트는 성공적이었어요.

bonus tip

회의나 미팅에서 결론이나 제일 중요한 말을 하고 싶을 때, The bottom line is ...라고 시작해보면 어떨까요?

Back-to-back

앞뒤로 빽빽이

이 표현은 앞뒤로 스케줄이 꽉 차 있어서 너무 바쁠 때 쓰는 표현이에요. 직관적으로 알 수 있는 표현이지요? back-to-back이라는 말을 들으면, 하나의 일 끝에 바로 이어서 다른 일이 붙어 있는 것을 상상해 볼 수 있어요. 또는 두 사람이 등을 마주대고 붙이고 서 있는 상황처럼 스케줄 1과 스케줄 2가 붙어 있어서 쉴 틈 없이 일정이 계속 있는 상태라고 이해해도 좋습니다.

얼마 전에 미국인 친구가 **I have back-to-back meetings all day long today, it's a really busy day. "오늘은 미팅이 계속 있어서 너무 바쁜 날이야."**라고 말하면서, 이 back-to-back 표현을 편하게 쓰고 있었어요. 또한, 복사기를 쓸 때 back-to-back이라고 하면 **"양면 복사"**가 됩니다.

MP3

다양한 예문으로 오늘의 표현을 확인해 보세요.

- My team has meetings back-to-back today.
  오늘 우리 팀은 미팅이 계속 있다.
- I need to copy this paper back-to-back.
  이 종이를 양면 복사를 해야 해요.
- The other team delivered two back-to-back presentations.
  다른 팀은 두 번 연속으로 발표를 진행했습니다.

대화를 하면서 오늘의 표현을 활용해 보세요.

대화문 1

A Did you attend the conference sessions yesterday?
어제 컨퍼런스 세션에 참석했어요?

B Yes, I sat through two back-to-back workshops.
네, 어제 두 개의 워크샵에 연속으로 참석했어요.

대화문 2

A I need to make copies of this document for the meeting.
회의를 위해 이 문서를 복사해야 해요.

B Sure, please remember to copy them back-to-back to save paper.
좋아요, 종이를 절약하기 위해 양면 복사하는 걸 기억해 주세요.

bonus tip

학교나 직장에서 미팅이나 수업이 너무 많아서 바쁠 때, I have meetings back-to-back today. 혹은 양면 복사를 하고 싶을 때, I need to copy this back-to-back.이라고 연습해 보면 어떨까요?

Put things on the back burner

(하던 일을) 잠시 멈추다

직역하면 **put** "두다", **things** "어떤 일들이나 프로젝트들"을, **on the back burner** "뒷버너에"인데요, 이 표현은 부엌에서 쓰이는 스토브(전기형 가스레인지)에서 유래했어요.

미국에서 사용하는 보통 스토브에는 냄비를 놓을 수 있는 화구가 앞에 2개, 뒤에 2개, 이렇게 4개가 있는데요, 이 중에서 앞의 두 개(front burners)는 화력이 센 반면, 뒤에 있는 두 개(back burners)는 화력이 약해요. 보통 요리를 할 때, 앞 화구에서 센 불로 음식을 볶거나 끓이거나 한 후에, 그 요리가 끝나고 다른 요리를 하고 싶은 경우 뒤에 있는 버너로 옮긴 답니다. 그리곤 다른 새 요리를 앞 버너에서 해요.

따라서, 일이 다 진행되었거나, 중요하지 않은 일들은 마치 뒷버너에 냄비를 놓듯이, "잠깐 멈춘다"는 뜻이에요. 제가 박사과정 논문을 쓸 때 data collection(자료 수집) 할 게 너무 많아서 힘들어하고 있을 때, 지도 교수님께서 **Put that thing on your back burner and do something else.** **"그건 잠깐 멈추고 다른 일을 해봐."**라고 격려해 주신 적이 있어요.

다양한 예문으로 오늘의 표현을 확인해 보세요.

- We have to put our plans on the back burner for a while.
  모든 계획을 잠시 멈춰야 할 것 같아.
- I should put personal projects on the back burner for work priorities.
  일 우선순위를 위해서 개인적인 일들은 뒤로 미루는 게 좋겠어요.
- My team put the investment plan on the back burner due to challenges.
  우리 팀은 몇 가지 어려움이 있어서 투자 계획을 잠시 미뤄두었습니다.

대화를 하면서 오늘의 표현을 활용해 보세요.

대화문 1

A I heard that your team is planning to launch a new project soon.
여러분 팀이 곧 새 프로젝트를 시작할 계획이라고 들었어요.
How is it going?
어떻게 진행되고 있어요?

B Well, with the tight budget, we decided to put things on the back burner.
네, 요즘 예산이 부족해서요. 계획을 잠시 미뤄두기로 결정했어요.

대화문 2

A Have you started working on your home renovation?
집 리모델링 시작했어요?

B Not yet.
아직요.
With some unexpected expenses, we decided to put things on the back burner.
예상치 못한 비용이 생겨서 일단은 계획을 미루기로 했어요.

bonus tip

학교나 직장, 혹은 일상에서 어떤 일이 많이 끝나거나 급하지 않을 때, Let's put this on the back burner. "이건 잠깐 멈추고 지켜보자."라고 말해보면서 refresh 해보면 어떨까요?

비즈니스
085

Make sense

말이 되다, 이해되다

미국 일상에서 아주 많이 쓰는 표현으로 대화를 할 때, 내가 한 말을 다른 사람이 이해했는지, 혹은 말이 되는지 물을 때, **Does it make sense?**라고 종종 물어요. 그 뜻은 **"이게 말이 되는 것 같아요?"**입니다.

말이 된다고 대답할 때는 Yes, it totally makes sense. "네, 전적으로 말이 돼요."라고 말할 수 있어요. 하지만 말이 잘 안 되고 이해가 안 될 때는 No, it does not make sense. 혹은 It makes no sense.라고 말하면서 "그건 말이 안 되는 것 같아요."라고 답할 수 있답니다.

MP3

다양한 예문으로 오늘의 표현을 확인해 보세요.

- This last paragraph doesn't make any sense.
  이 마지막 문단은 말이 안 돼요(이해하기 어려워요).
- The explanation was very clear, so it made perfect sense to everyone.
  그 설명은 매우 명확해서, 모두에게 완벽하게 이해가 되었습니다.
- The argument didn't make sense to me at first, but after further explanation, it became clear.
  그 주장은 처음에는 이해하기 힘들었지만, 설명을 더 들어보니 이해할 수 있었습니다.

대화를 하면서 오늘의 표현을 활용해 보세요.

대화문 1

A I reviewed the report, but some numbers don't make sense.
리포트를 검토했는데, 일부 숫자가 이해가 안 돼요.
Can you take a look?
한 번 봐 줄래요?

B Sure, let's go through it together.
물론이죠, 함께 확인해 봅시다.

대화문 2

A The decision for cost-saving doesn't make sense to me.
비용 절감을 위한 그 결정은 이해가 잘 안 돼요.

B I understand your concern.
우려하시는 부분을 이해합니다.
Let's schedule a meeting to discuss more.
더 자세히 논의하기 위해 미팅을 잡아 봅시다.

bonus tip

학교나 직장, 일상에서 "이게 말이 되나요? 이해할 수 있나요?"라고 물어보고 싶을 때, Does this make sense to you?라고 물어보면서 서로 cross-check하면 어떨까요?

Turn down

거절하다

이 표현은 어떤 제안이나 요청을 거절할 때 쓰는 표현인 reject “거절/거부하다”와 같은 뜻이에요. 두 단어의 조합을 보면 **turn “돌려서”**와 **down “아래로 가게 하다”** 결합되어, 직관적으로 “거절하다”의 뜻을 가지고 있다고 알 수 있어요.

미국에서 동료들과 미팅할 때, 다른 팀으로부터 어떤 제안을 받았을 경우 그 제안을 받지 말자고 할 때가 있는데요, 이 때 미국 동료들은, **We should turn it down.** “**우리는 그 제안을 받아들이지 않는 게 좋을 것 같아.**”라고 말하곤 해요.

MP3

다양한 예문으로 오늘의 표현을 확인해 보세요.

- How could you turn down such a great job offer?
  그 좋은 취직자리를 어떻게 거절할 수가 있어?
- Her novel was turned down by many publishers.
  그녀의 소설은 많은 출판사로부터 거절당했다.
- Unfortunately, I had to turn down the invitation due to a scheduling conflict.
  아쉽게도 제 일정이 겹쳐서 그 초대를 거절해야 했어요.

대화를 하면서 오늘의 표현을 활용해 보세요.

대화문 1

A I heard that the company offered you the position.
회사가 당신에게 그 포지션을 제안했다는 소문을 들었어요.

Did you accept?
수락했어요?

B No, I had to turn down the offer because it required too much travel.
아니요, 그 자리는 출장을 너무 많이 가야 해서 거절했어요.

대화문 2

A Can you lead the presentation at the upcoming conference?
다가오는 컨퍼런스에서 발표를 이끌어 줄 수 있을까요?

B I'm sorry, but I have to turn down the opportunity due to prior commitments.
죄송합니다만, 이미 예정된 일정이 있어서 이 발표 기회는 정중히 거절할 수밖에 없습니다.

bonus tip

1 어떤 제안을 거절할 때 reject도 좋은 단어지만 조금은 강렬한 느낌이 있으므로, 약간 부드러운 느낌으로 turn down 표현을 사용해서 Ah, this is a good offer, but we should turn it down. "아, 좋은 제안이지만, 이건 거절해야 할 것 같아."라고 말해 보면 어떨까요?

2 "거절하다"의 뜻을 지닌 turn down이 TV나 라디오 소리와 관련해서는 어떤 뜻을 말하는 것일까요? 맞아요, "소리를 줄이다"의 뜻이 됩니다. volume control knob "소리 조절 버튼"을 turn 왼쪽으로 돌려서, down 소리를 내리는 그림을 연상하면 쉽게 이해될 것 같아요.
*예) My friend turned down the TV sound. 내 친구가 TV 소리를 줄였다.

Keep you posted

계속 업데이트 해주다

이 표현도 미국에서 아주 많이 쓰는 표현 중에 하나인데요, 직장이나 학교에서 어떤 일을 하거나 프로젝트를 할 때 동료나 친구들에게 쓸 수 있어요.

예를 들어, 팀 프로젝트를 할 때 팀원 1은 자료 조사를 하고, 팀원 2는 슬라이드를 만들자고 일을 분담했다고 가정해 볼게요. 이 상황에서 팀원 1이 팀원 2에게 **"내가 해 보고 업데이트 해줄게."**라고 말하고 싶을 때, **Okay, I'll do my part, and will keep you posted.** 라고 말할 수 있지요.

말 그대로 **keep**은 "**유지하다**"의 뜻이고, post "**게시하다**"**라는 뜻에서 유래**했다고 해요.

이 표현의 어원에 대해서는 다양한 의견들이 있는데요, 한 의견을 보면, 예전에는 안내장 등을 나무 기둥이나 게시판에 핀으로 게시(post)함으로써 사람들에게 정보를 주곤 했는데 거기에서 유래했다고 합니다. 따라서 Keep you posted.는 "당신을 업데이트된 상태로 계속 유지해 드릴게요."라고 직역할 수 있고요, 뜻은 "계속 업데이트 해 드리겠습니다."가 돼요.

MP3

다양한 예문으로 오늘의 표현을 확인해 보세요.

- The doctors kept me posted about my medical condition.
  그 의사들은 나의 의료 상태에 대해서 계속 업데이트를 해주었다.
- Please keep me posted about the project.
  그 프로젝트에 관해서 저한테 계속 업데이트를 해주세요.
- He kept his parents posted about his plan.
  그는 부모님께 계획에 대해서 계속 업데이트를 해드렸다.

대화를 하면서 오늘의 표현을 활용해 보세요.

대화문 1

A Hi Jessica, how's the new project going?
제시카 씨, 안녕하세요? 새 프로젝트는 잘 되고 있어요?

B It's progressing well.
네, 잘 진행되고 있어요.
I'll keep you posted on the project.
프로젝트에 대해서 계속 업데이트해 드릴게요.

대화문 2

A Have you heard back from the job interview?
인터뷰 결과 나왔어요?

B Not yet, but they said they will keep me posted.
아직요, 하지만 업데이트 해준다고 했어요.

bonus tip

1 지금부터 어떤 미팅을 마칠 때, "제가 업데이트 해드릴게요."의 의미로 Okay, I'll keep you posted.라고 말하면서 미팅을 마치면 어떨까요?

2 keep you posted와 keep you updated는 같은 말?

구어적으로 직접 updated를 써서 I'll keep you updated.를 써도 괜찮습니다. 두 표현 모두 interchangeable(교체할 수 있는) 하거든요. 뜻은 모두 "업데이트해 드릴게요."이므로, 둘 중에 더 편한 것을 쓰면 되겠습니다.

Short and sweet

짧고 달콤한 (좋은)

비즈니스나 프로젝트 미팅, 연설 등을 할 때 많이 쓰는 표현으로 말 그대로 **short and sweet** **"짧지만 달콤한"**, 즉, "장황하게 길지 않고 핵심만 담은 좋은"의 뜻을 가지고 있어요. 미국에서도 월간 회의나 연말 회의를 할 때, 유머감각 있는 상사들이 가끔 "미팅을 짧고 굵게 합시다."라는 뜻으로, Let's have this meeting short and sweet.이라고 말하곤 해요.

MP3

다양한 예문으로 오늘의 표현을 확인해 보세요.

- This morning's meeting was short and sweet.
  오늘 아침 미팅은 아주 짧고 좋았어.
- Can you give me a short and sweet summary of the presentation yesterday?
  어제 프레젠테이션 내용을 짧게 요약해 줄 수 있나요?
- Keep your response short and sweet, because we want to solve the problem quickly.
  그 문제를 빨리 풀고 싶으니까 답변을 짧고 간단하게 해 주세요.

대화를 하면서 오늘의 표현을 활용해 보세요.

대화문 1

A How was the presentation?
프레젠테이션 어땠어요?

B It went well.
잘 진행됐어요.

I kept it short and sweet, focusing on the main points.
짧고 간단하게 요점만 잘 발표했어요.

대화문 2

A Can you give me any advice for the job interview please?
면접 준비하는데 조언을 좀 주실 수 있나요?

B Please keep your answers short and sweet, highlighting your key strengths.
핵심 역량을 강조하면서 답변을 짧고 간결하게 해보세요.

bonus tip

1~2시간씩 길어지는 미팅이나 통화가 힘들 땐, "우리 미팅을 짧고 굵게 그리고 기분 좋게 합시다." 라는 의미로 How about having our meeting short and sweet?이라고 나이스한 톤으로 제안해 보면 어떨까요?

A second pair of eyes

다른 사람의 의견

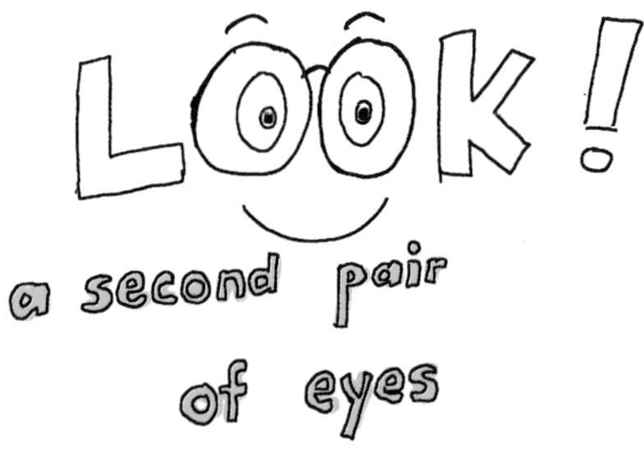

직역하면 "두 번째 눈"으로 직역할 수 있는데요, 프로젝트나 일을 하면서 다른 사람의 의견을 구하고 싶을 때 아주 많이 쓰는 표현이에요. 글을 쓰거나 발표 준비를 하다 보면, 나 혼자만의 생각에 갇혀서 머리가 멍~해지거나 더 이상 진전이 없을 때가 있지요? 이럴 때 다른 동료나 친구의 의견을 물으면서 혹시 수정하거나 추가하면 좋을 아이디어를 묻고 싶을 때가 있어요.

미국 동료들은 이럴 때, **I need a second pair of eyes, could you take a look at it and give me your feedback please?** "다른 사람의 의견이 필요한 것 같아요, 이거 좀 봐주고 피드백 좀 줄 수 있을까요?"라고 말하면서 주위의 도움을 구하더라고요.

MP3

다양한 예문으로 오늘의 표현을 확인해 보세요.

- It's always useful to have a second pair of eyes to check the progress of your work.
  네가 하는 일의 진행과정을 체크하기 위해 다른 사람의 의견을 듣는 것은 언제나 이롭다.
- Before submitting my report, I asked a colleague for a second pair of eyes to catch any errors.
  레포트를 제출하기 전에, 혹시 오류가 있는지 동료에게 한번 살펴봐 달라고 부탁했다.
- Having a second pair of eyes is crucial for maintaining accuracy.
  다른 사람의 의견을 구하는 것은 정확성을 높이는데 필수적입니다.

대화를 하면서 오늘의 표현을 활용해 보세요.

대화문 1

A I just finished the draft for the proposal.
제안서 초안 작성을 방금 마쳤어요.

B Great!
좋아요!
Can we take a look?
저희도 같이 봐도 될까요?
It's always good to have a second pair of eyes to improve it.
개선할 사항이 있는지 같이 검토하면 언제나 좋더라고요.

대화문 2

A Can you review my draft of the project report please?
제 프로젝트 보고서 초안을 검토해 줄 수 있을까요?

B Sure, I'll be happy to be a second pair of eyes!
물론이죠, 기꺼이 두 번째 눈이 되어 도와드릴게요!

bonus tip

학교나 직장에서, 혹은 일상에서 다른 사람의 의견이 필요할 때, I need a second pair of eyes.라고 말해 보면 어떨까요?

Long story short

짧게 말하면

이번 표현은 long story short "짧게 말하면"입니다. 문법적으로 정확히 말하면 To make a long story short.라고 쓸 수 있지만 구어적으로는 짧게 **Long story short.**라고 말할 수 있어요.

미국에서 대화 중에 길게 일어난 어떤 사건이나 이야기를 짧게 핵심만 말할 때 이 표현을 씁니다.

즉, 어떤 사람이 Long story short.라고 말을 하면, **"긴 이야기인데 짧게 핵심만 말해줄게."**라는 뜻이 되므로 듣는 사람은 분위기를 전환하고 말하는 사람에게 집중하게 됩니다.

다양한 예문으로 오늘의 표현을 확인해 보세요.

- Long story short, I am going to move to another department.
  짧게 말하면, 나 다른 부서로 가게 됐어.
- Did you know what happened yesterday? Long story short, we got promoted!
  어제 무슨 일이 있었는지 알고 있어요? 요약하자면, 우리가 승진했대요!
- Long story short, our financial status has improved.
  요약하자면, 우리 재무 상태가 개선되었어요.

대화를 하면서 오늘의 표현을 활용해 보세요.

대화문 1

A The budget meeting took longer than expected.
예산 미팅이 생각보다 길어졌네요.

B Long story short, we had to revise some figures in the report.
짧게 말하면, 우리는 보고서에서 일부 수치를 수정해야 됐어요.

대화문 2

A I heard you had a challenging project at work.
회사에서 힘든 프로젝트를 맡았다고 들었어요.

B It was a bit complicated, but long story short, we finally found a solution.
네, 조금 복잡하긴 한데요, 짧게 말하면, 우리는 해결책을 찾아냈어요.

bonus tip

일상이나 직장에서 결론을 짧고 정확하게 말하고 싶을 때, Long story short, this is my point. "긴 이야기를 짧게 말할게요, 내 결론은 이겁니다."라고 말하면서 시작해 보면 어떨까요?

The ball is in their court.

이제 결정은 그 쪽에 달려 있어.

한국어로도 많이 쓰는 이 표현은, "내가 할 일은 다 했고, 이제 다른 사람이 할 차례"라는 뜻이에요. 직역하면 "공은 그들의 코트에 있다."라는 뜻이 되는데요. 테니스처럼 중간에 네트를 두고 하는 스포츠에서 공을 상대방에게 넘기면 이제 내가 할 건 없고 그 사람의 차례(turn)이므로 어떤 일이나 프로젝트를 할 때도 비유적으로 쓴답니다.

최근에 제가 일하는 부서에서 새로운 교수 채용 자리를 마련하려고 학장실(Dean's Office)에 문서를 보낼 때, 우리가 준비는 많이 했지만, "이제 그 공은 학장실에 가 있다, 그 쪽의 차례이다."라고 말하면서 **The ball is in his court. "이제 결정은 그 사람에게 달려 있어."**라고 말한 적이 있어요. 여기서 their, his, her처럼 대상에 따라 대명사를 바꿔서 쓸 수 있습니다.

MP3

다양한 예문으로 오늘의 표현을 확인해 보세요.

- I've done my part. The ball's in his court now.
  내가 할 일은 마쳤다. 이제 결정은 그 사람한테 달려 있다.
- We finished our proposal presentation, now the ball is in their court.
  우리는 제안서 발표를 마쳤고, 이제 결정은 그들에게 맡겨진 상황입니다.
- We've done everything we can to address the issues, and now the ball is in their court.
  우리는 문제를 해결하기 위해 할 수 있는 모든 일을 했고, 이제 최종 결정은 그들에게 맡겨진 상황입니다.

대화를 하면서 오늘의 표현을 활용해 보세요.

대화문 1

A Jennifer has all the information she needs for the decision.
제니퍼 씨는 결정에 필요한 모든 정보를 다 가지고 있습니다.

B Yes, the ball is in her court now.
맞아요, 이제 마지막 결정은 그녀에게 달려 있습니다.

대화문 2

A I've sent my opinions on the matter to HR.
저는 그 문제에 대한 제 의견을 인사팀에 보냈어요.

B The ball is in their court now, and we'll wait for their decision on the next steps.
이제 결정은 그들에게 달려있네요,
이제 다음 단계에 대한 그들의 결정을 기다립시다.

bonus tip

팀 프로젝트나 다른 부서와 협업을 할 때 우리의 일은 마치고 이제 다른 부서의 결정만 남았을 때, "이제 우리가 할 건 다 했고, 최종 결정은 그 쪽에 달려 있어."라는 뜻으로 We've done our part, the ball is in their court now.라고 말해 보면 어떨까요?

Use it or lose it.

안 쓰면 못 쓰게 된다.

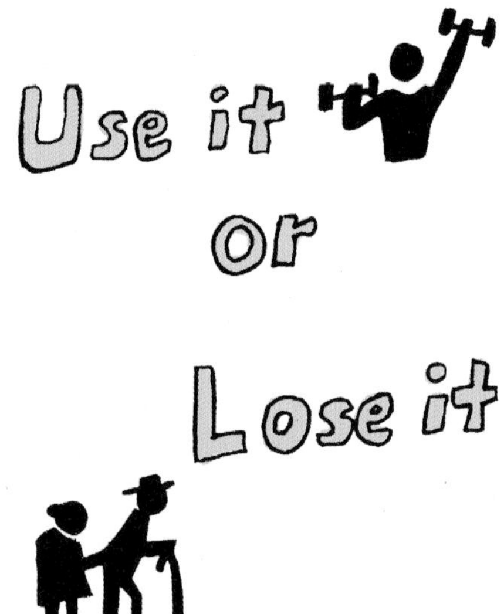

우리말의 속된 표현 중에서 "안 쓰면 OO된다."라는 말이 있는데요, 그 표현과 비슷한 표현 같아요. 직역하면 "사용하지 않으면 잃게 된다."가 됩니다.

말 그대로 사용하면 keep 할 수 있고, 사용하지 않으면 lose 하게 되니 "아끼거나 나중에 하겠다고 미루지 말고, 지금 사용해서 내 걸로 만들라"는 뜻입니다. 특히 영어 공부를 하는 학생들에게 영어 표현을 하나 배웠으면 잊어버리기 전에 꼭 사용해 보라고 한답니다. 그 때 ESL(제2외국어로서의 영어) 선생님들이 자주 하는 말이, Use it or lose it.이지요.

다양한 예문으로 오늘의 표현을 확인해 보세요.

- If you want to maintain your health, you need to exercise regularly because it is all about use it or lose it.
  계속 건강과 체력을 유지하고 싶으면 정기적으로 운동을 해야 해요. 쓰거나 잃거나 둘 중에 하나기 때문입니다.
- The principle of 'Use it or lose it' applies to physical fitness.
  '안쓰면 잃게 됩니다'라는 원리는 우리 신체 건강에 바로 적용됩니다.
- Keep practicing the skills you learned today, because you use it or lose it.
  오늘 배운 기술을 계속 연습하세요. 사용하지 않으면 잊어버릴 수 있기 때문이에요.

대화를 하면서 오늘의 표현을 활용해 보세요.

대화문 1

A I've fallen behind on my project management software skills lately.
최근에 프로젝트 관리 소프트웨어 기술에서 뒤처지고 있어요.

B It's 'Use it or lose it.'
'사용하지 않으면 잊어버릴 수 있어요.'
You want to brush up on those skills for the upcoming project.
다가오는 새 프로젝트를 위해 그 기술들을 다시 복습하는 게 좋을 것 같아요.

대화문 2

A I used to be fluent in English, but I haven't spoken it in years.
영어를 유창하게 구사했었는데, 여러 해 동안 말하지 않았어요.

B Languages are like 'Use it or lose it.'
언어는 '사용하지 않으면 잊어버리는 것'과 같아요.
You can start practicing again to get it back!
다시 연습하면 다시 잘 하게 될 거예요!

bonus tip

어떤 새로운 기술이나 영어 표현 등을 배웠을 때, "안 잊어 버리려면 지금 써야지."라는 뜻으로 Use it or lose it! 이라고 외치면 어떨까요?

Give my two cents

작은 의견을 주다

수평적 토론이 보편화되어 있는 미국이어서 그런지 내 의견을 상대에게 말할 때, 서로 예의를 갖추고 상대방의 기분이 상하지 않게 의견을 주는 제스처나 표현들도 아주 많이 있는 것 같아요. 그 중에 하나가 바로 이 표현, **To give you my two cents.** **"제 미약한 의견을 드리자면..."**이에요.

2 cents는 말 그대로 2센트인데요, 한국 돈으로 1 센트는 약 10원이니 직역하면 "20원을 드린다면" 정도로 해석할 수 있어요. 하지만 의역하면 상대방의 말이 거의 맞는 말이고 내 미약한 의견, 즉 "2센트 정도의 가치가 있는 의견을 일단을 드릴게요." 정도의 의미가 돼요. 동사는 give나 put in을 함께 써서 **I'll give you my two cents.**나 **I'll put in my two cents.**처럼 쓸 수 있어요.

다양한 예문으로 오늘의 표현을 확인해 보세요.

- I just wanted to give my two cents to contribute to the discussion.
  저는 그 토론에 조금이라도 기여하고 싶어서 제 의견을 말씀드리고 싶었어요.
- If the plans are going to affect me, I will put my two cents in.
  만약 그 계획이 나에게 영향을 준다면, 나는 내 의견을 말할 것이다.
- Can I put my two cents in before we make our decision?
  최종 결정을 내리기 전에 제 의견을 조금만 드려도 될까요?

대화를 하면서 오늘의 표현을 활용해 보세요.

대화문 1

A I wanted to put in my two cents on reallocating our budgets for next year.
내년 예산을 재배정하는 것에 대해 제 의견을 조금 드리고 싶었어요.

B That's a good idea.
좋은 생각이에요.

Please feel free to share your thoughts during the meeting.
미팅 때 의견을 편하게 말씀해 주세요.

대화문 2

A Anyone else want to give opinions on the new project timeline?
새 프로젝트 일정에 대해 의견을 제시하고 싶은 분이 있나요?

B Yes, I'd like to give my two cents on adjusting the deadlines for a realistic workload.
네, 현실적인 업무량을 위해서 마감일을 조금 조정하면 어떨지 말씀드리고 싶습니다.

bonus tip

일상생활에서 내 의견을 말하고 싶을 때, May I put in my two cents here?라고 말하면서 의견을 전달해 보면 어떨까요?

The early bird catches (gets) the worm.

일찍 일어나는 새가 벌레를 잡는다.

이 표현은 중 · 고등학교 때 한국에서도 배운 표현 같은데요, 말 그대로 **"일찍 일어나고 근면성실하면 좋은 성과를 낸다"**는 뜻이에요. 미국에서 이렇게 원 문장 그대로 쓰기도 하지만, **early-bird rate**과 같은 형태로 써서, 학회나 여름캠프 같은 곳에 등록할 때 **"일찍 등록하면 싸게 등록할 수 있는 할인된 가격"**이라는 뜻으로도 쓰여요.

영화의 조조할인 같은 경우도 early–bird discounted movie ticket으로 쓸 수도 있답니다.

MP3

다양한 예문으로 오늘의 표현을 확인해 보세요.

- The early bird usually gets the best deal.
  일찍 온 사람은 보통 좋은 구매를 한다.
- Many stores offer early-bird sales to increase revenue.
  많은 가게들이 판매량을 늘리기 위해 '일찍 오는 손님 특가 세일' 행사를 한다.
- Take advantage of the early bird rate for the conference to reduce costs.
  컨퍼런스 참가 비용을 줄이기 위해 '얼리버드 요금'을 잘 활용하세요.

대화를 하면서 오늘의 표현을 활용해 보세요.

대화문 1

A I heard that you always start your projects well in advance.
항상 프로젝트를 미리 시작한다는 얘기를 들었어요.

B Yes, I believe in the principle that the early bird catches the worm.
맞아요. 저는 일찍 일어나는 새가 벌레를 잡는다는 말을 믿거든요.

대화문 2

A Have you registered for the conference?
그 컨퍼런스에 등록했어요?

B Not yet, I heard that there's an early bird rate if you sign up before next week.
아직요. 다음주 전까지 등록하면 '얼리버드 요금'으로 싸게 등록할 수 있대요.

bonus tip

일상에서 어떤 행사나 이벤트에 참가할 때, "얼리버드 행사 마감전에 할인을 받자!"의 의미로, Let's register (buy) before the early bird deadline!이라고 말하면서 빨리 표나 물건을 구매하면 어떨까요?

비즈니스
095

Put yourself in his/her shoes.

그 사람의 입장에서 생각해 봐.

Put yourself in someone else's shoes

직역하면 **"너 자신을 그 사람의 신발에 넣어라."**라는 뜻이 되는데요, 여기서 신발은 **"입장"**으로 의역할 수 있고, **"넣는다"**는 것은 그 입장이 되어 본다는 뜻이에요. 우리말로 역지사지의 상황에서 남의 입장을 생각해 보라는 뜻과 일맥상통하는 표현같아요. 미국 일상에서 아주 많이 쓰는 표현이고요, 저희 아이들이 다니는 미국 초등학교에도 이 문구가 학교 정문에 붙어 있기도 해요.

다양한 예문으로 오늘의 표현을 확인해 보세요.

- It is always good to put yourself in others' shoes before making a decision.
  결정을 내리기 전에 다른 사람들의 입장을 고려해보는 것은 언제나 좋은 일입니다.
- Before judging someone for their actions, you always need to put yourself in their shoes.
  다른 사람들의 행동을 판단하기 전에, 항상 다른 사람의 입장에서 한번 생각해 보세요.
- If conflicts arise, it's valuable to put yourself in someone's shoes to understand their viewpoint.
  분쟁이 발생했을 때, 다른 사람들의 견해를 이해하기 위해 그 입장을 생각해 보는 것은 아주 가치 있는 일입니다.

대화를 하면서 오늘의 표현을 활용해 보세요.

대화문 1

A It is challenging to deal with customers with complaints.
불만이 있는 고객들을 상대하는 것은 어려워요.

B True, but it helps to put yourself in their shoes.
사실이에요, 하지만 고객들의 입장에서 생각해 보면 도움이 될 거예요.

대화문 2

A I sometimes notice that my team has communication issues.
가끔 우리 팀에 커뮤니케이션 문제가 있는 것 같아요.

B How about asking each team member to put themselves in one another's shoes?
팀원들에게 서로의 입장에서 생각해 보라고 제안해 보면 어떨까요?

bonus tip

일상에서 "그 사람의 입장에서 생각해 보자."라고 말하고 싶을 때, Okay, let me put myself in their shoes.라고 말하면서 이 표현을 사용해 보면 어떨까요?

This store opens 24/7.

이 가게는 365일 24시간 다 열어요.

24는 24시간을 말하고, 7은 월요일부터 일요일까지 7일 모두를 의미해서, **365일 동안 하루도 쉬지 않고 모두 문을 연다는 뜻**이에요. 말할 때는 숫자를 그대로 순서대로 읽어서 '트웬티-포-세븐'이라고 읽습니다. 일상에서 정말 많이 쓰는 표현으로 24시간 운영하는 편의점이나 주유소 등을 말할 때 써요.

미국에 iHop이라는 팬케이크를 파는 식당이 있는데요. 이 가게는 24시간 운영을 하기도 해요. 그래서 미국 친구들이 Because iHop opens 24/7, let's go there to eat at 2 am.라고 말하며 시험 공부를 하다가 새벽 2시에 밥 먹으러 가자고 한 적이 있었어요.

다양한 예문으로 오늘의 표현을 확인해 보세요.

- We're open 24/7.
  우리는 365일 24시간 연중무휴로 엽니다.
- We offer 24/7 internet access.
  우리는 365일 24시간 이용 가능한 인터넷 연결을 제공합니다.
- The customer support team is available 24/7.
  고객 지원팀은 365일 24시간 이용 가능합니다.

대화를 하면서 오늘의 표현을 활용해 보세요.

대화문 1

A Our clients have inquiries across different time zones.
저희 고객들은 다양한 시간대에 문의를 합니다.
How can we handle that?
어떻게 처리해야 할까요?

B Don't worry, our customer service team operates 24/7 to assist them.
걱정 마세요, 저희 고객 서비스 팀은 고객들을 위해 365일 24시간 운영되고 있습니다.

대화문 2

A Is there a specific time frame for accessing the online training?
온라인 교육은 특정 시간에만 들을 수 있나요?

B No, the training platform is accessible 24/7.
아니요, 교육 플랫폼은 365일 24시간 접속할 수 있습니다.

bonus tip

어떤 가게가 365일 연중무휴 문을 여는지 물어보고 싶을 때, Is this store open 24/7?이라고 간단하게 말하면서 이 표현을 연습해 보면 어떨까요?

Better late than never.

안 하는 것보다는 늦게라도 하는 게 낫다.

직역 그대로, **never** "안 하는 것", 보다는 **late** "늦는" 것이, **better** "더 좋다"는 표현이에요. 일상생활에서 아주 많이 쓰는 표현이고요, 리포트를 제출해야 하는 데 조금 늦었거나, 세금이나 카드 값 등을 내야 하는데 기일이 지났을 경우, 안 하는 것보다는 늦더라도 하는 게 더 좋다고 말할 때 종종 써요.

제가 가르치고 있는 대학에서도 대부분의 학생들은 숙제나 과제를 제 시간에 잘 내는데요, 한두 명은 기한이 지난 후에 지금 내도 되냐고 연락 오는 학생들이 가끔 있어요. 그 때마다, **Sure, you can submit it now, better late than never.** "**당연하지요, 지금 제출해도 돼요. 안 하는 것보다는 늦게라도 내는 게 더 좋지요.**"라고 말하며 학생들을 격려하곤 한답니다.

MP3

다양한 예문으로 오늘의 표현을 확인해 보세요.

- John finally paid me the money he owed. Well, better late than never.
  존이 드디어 나한테 진 빚을 갚았어. 안 하는 것보다는 늦게라도 하는 것이 낫지.
- I started learning to use the VR management system, better late than never, right?
  저는 VR 관리 시스템 사용법을 배우기 시작했어요. 안 하는 것보단 늦게라도 시작하는 게 나은 것 같아서요. 그렇죠?
- We've finally adopted the new IT solution, it's better late than never to stay competitive in the market.
  드디어 새 IT 솔루션을 도입했어요. 시장에서 경쟁력을 갖추기 위해 안 하는 것보다는 늦더라도 시행하는 게 좋으니까요.

대화를 하면서 오늘의 표현을 활용해 보세요.

대화문 1

A I've thought about learning a new skill, but I feel like I'm too old to start.
새로운 기술을 배우고 싶다고 생각해 봤는데, 너무 늦은 나이 같아요.

B No problem at all!
전혀 문제 없어요!

Remember, it's better late than never to learn and grow.
배우고 성장하는 것에 늦었다는 것은 없다는 걸 기억하세요.

대화문 2

A We've been discussing the need for diversity training in the company.
우리 회사의 다양성 교육의 필요성에 대해 논의해 왔어요.

B I agree, it's better late than never to address diversity and inclusion.
동의해요. 안 하는 것보다는 늦게라도 다양성과 포용성을 다루는 것은 좋은 것 같아요.

bonus tip

뭔가를 해야 하는데 기일을 놓쳐서 "늦어도 해야 하나, 아니면 그냥 하지 말까..."하고 고민이 될 때, Better late than never!라고 외치면서 용기를 얻고 실행하는 게 어떨까요?

Cut to the chase

본론으로 가다

직역하면 chase "쫓다", cut "자르다"가 되는데요, 이 표현의 유래를 생각해 보면 이해하기가 쉬워요. 1930년대 헐리우드 영화계에서는 대부분의 영화들이 소리가 없는 무성영화(silent movies)였는데요, 마지막 장면에 제일 재미있는 추격신(chase scene)을 넣었다고 해요. 그래서 감독들이나 영화를 만드는 사람들은 제일 중요한 장면인 추격신으로 필름을 빨리 잘라서 가자는 뜻으로 Cut to the chase.라는 말을 썼다고 합니다.

이 유래에서 나온 "**본론을 먼저 말해 봅시다.**"라는 뜻으로 Let's cut to the chase.가 현대에서도 쓰이고 있어요. 비슷한 표현으로는 "중요한 포인트로 바로 갑시다."라는 뜻으로 Let's get to the point.라고도 쓰지요. 비즈니스 미팅을 하거나 팀 회의를 할 때, "**자 이제 본론을 말해봅시다.**"라는 의미로 미국 동료들이 **Okay, now let's cut to the chase.**라고 종종 말하곤 한답니다.

MP3

다양한 예문으로 오늘의 표현을 확인해 보세요.

- I had no time, so I cut to the chase and asked if he was working in that company.
  시간이 없었기 때문에 나는 본론을 바로 꺼내면서, 그가 그 회사에서 일하는 중이냐고 물었다.
- Instead of reviewing the details, let's cut to the chase and discuss the main points now.
  세부 내용을 검토하는 대신, 본론으로 들어가서 주요 사항들을 지금 논의합시다.
- To save our time, let's cut to the chase and address the key issues.
  시간을 절약하기 위해, 어서 본론으로 들어가서 주요 문제들을 해결해 봅시다.

대화를 하면서 오늘의 표현을 활용해 보세요.

대화문 1

A I heard a lot about the new project, can you give me a quick summary?
새 프로젝트에 대해 많이 들어봤어요, 간단히 요약 좀 해 줄 수 있어요?

B Sure, let's cut to the chase.
물론이죠, 중요한 걸 먼저 말해 줄게요.
The project aims to increase efficiency in the production line.
이 프로젝트의 목표는 생산 라인 효율성을 높이는 거예요.

대화문 2

A We have a limited time now, can you quickly highlight the key benefits of your product?
저희가 시간이 좀 없어서요, 제품의 주요 이점을 간단하게 말해 줄 수 있을까요?

B Sure, let's cut to the chase.
네, 중요한 부분을 바로 말씀드리겠습니다.
Our product offers cost savings.
우리 제품은 비용 절감 효과를 제공합니다.

bonus tip

미팅에서 중요한 내용이나 본론을 먼저 듣고 싶을 때, Let's cut to the chase.라고 말하면서 본론으로 바로 넘어가면 어떨까요?

In a nutshell

간단하게 요점만 말하면

비즈니스 상황과 일상에서 자주 쓰는 표현으로, 말 그대로 **nut** "견과류"의, **shell** "껍데기", **in** "안에" 들어갈 정도로 **"짧게 요약해서 요점만 말하자면"**의 뜻이에요. nutshell은 땅콩(peanut), 호두(walnut) 등과 같은 여러 견과류를 둘러싸고 있는 딱딱한 껍질을 말합니다.

미팅에서나 일상 대화에서 말하는 사람이 In a nutshell...이라고 말하면, 짧은 요점이 나올 것을 기대하면서 청중이 귀를 쫑긋 세우게 되는 표현이에요.

MP3

다양한 예문으로 오늘의 표현을 확인해 보세요.

- What is the problem? In a nutshell, everything.
  문제가 뭘까요? 간단히 요점만 말하면, 모든 게 문제입니다.
- We've changed our strategy. In a nutshell, we now focus on online campaigns.
  우리는 전략을 바꿨습니다. 간단히 말하면, 우리는 이제 온라인 캠페인에 중점을 두기로 했어요.
- In a nutshell, the quarterly financial report indicates a remarkable revenue increase.
  한 마디로 말하자면, 분기 재무보고서는 주목할 만한 매출 증가를 보여주고 있습니다.

대화를 하면서 오늘의 표현을 활용해 보세요.

대화문 1

A How was the meeting yesterday?
어제 회의는 어땠어요?
Is there anything we should know?
우리가 알아야 할 중요한 정보가 있을까요?

B It went well. In a nutshell, our director wants to streamline the production process.
잘 진행됐어요. 간단히 말하자면, 부장님은 생산 프로세스를 간소화하고 싶어 하십니다.

대화문 2

A I'm not clear on what we should do with the new marketing plan.
새로운 마케팅 계획에 대해 우리가 정확히 뭘 할 것인지 잘 모르겠어요.

B In a nutshell, the new plan emphasizes social media engagement.
간단히 말하면, 새로운 계획은 소셜 미디어 참여를 강조하고 있어요.

bonus tip

일상이나 미팅에서 짧게 요점을 발표하거나 말하고 싶을 때, In a nutshell, this is my point. "요점만 말하면, 제 포인트는 이겁니다."라고 말하면서 요점을 말해 보면 어떨까요?

Off the top of my head

기억을 더듬어 보면

대화를 하거나 일을 할 때 어떤 정보에 대해서 확실히 기억나지는 않지만, **"아마… 이 정도였던 것 같은데…"**라고 말하고 싶을 때 쓸 수 있는 표현이에요. 단어 그대로 off the top of my head "내 머리의 끝자락에 있는 기억으로부터 기억해보면"이라고 직역할 수 있고요, 의역하면 "잘 기억은 안 나지만 기억을 더듬어 보면 이 정도였던 것 같아요."의 의미를 줘요.

최근에 부서 미팅에서 한 행사에 참가 인원이 몇 명 왔는지에 대해 대화할 때 한 동료가, **Off the top of my head, about 200 people came to the event. "기억을 더듬어 보면, 약 200명 정도 왔던 것 같아.**"라고 말한 적이 있어요. 이렇듯 어림값 등을 말할 때 유용한 표현입니다.

MP3

다양한 예문으로 오늘의 표현을 확인해 보세요.

- Off the top of my head, I remember that our initial meeting is next Monday.
  생각해 보니, 우리 첫 미팅이 다음 주 월요일인 것 같네요.
- I don't remember exactly, but off the top of my head, our last quarter's sales performance exceeded expectations.
  정확히 기억나지 않지만, 기억을 더듬어 보면, 지난 분기 판매 실적은 기대치를 뛰어넘었습니다.
- Off the top of my head, I estimate that we received around 500 responses to the survey.
  기억을 더듬어 보면, 우리 설문 조사에서 약 500명 정도의 응답을 받은 것 같아요.

대화를 하면서 오늘의 표현을 활용해 보세요.

대화문 1

A How much can we expect to earn this year?
올해 우리 매출이 얼마나 될까요?

B Off the top of my head, it should be around $1,000,000.
자세히는 모르지만 제 기억에 따르면, 약 100만 불쯤 될 거예요.

대화문 2

A Do you remember when the client meeting is scheduled?
고객 미팅이 언제 예정되어 있는지 기억나요?

B Off the top of my head, it should be on the 30th of this month, but I'll double-check.
기억해 보면, 이번 달 30일이었던 것 같은데요, 제가 다시 한번 확인해 보겠습니다.

bonus tip

일상에서 어떤 정보가 정확히 기억은 나지 않지만 어림값으로 알고 있을 때, Off the top of my head...이라고 어림잡은 정보를 말한 뒤, 다시 확인하면서 업데이트 해보면 어떨까요?

비즈니스
101

Go the extra mile

한 발 더 나아가다/한층 더 노력하다

Go the
extra mile

이 표현도 미국 일상에서 자주 쓰는 표현인데요. 먼저 미국은 도로의 거리를 잴 때 킬로미터(km) 시스템이 아닌 마일(mile) 시스템을 사용해요. 자동차 여행을 할 때 "OOO까지 500마일 남았습니다." 이렇게 네비게이션이 말해주곤 하지요. 따라서 미국 사람들은 길이를 말할 때도 마일로 말해요. 이 표현은 직역 그대로 "여분(extra)의 마일을 좀 더 가다", 즉, "한발 더 나아가다, 한층 더 노력하다"의 뜻이 됩니다.

팀 프로젝트나, 파티, 어떤 행사를 할 때, 꼭 해야하는 것 외에 추가로 더 기여하는 사람들을 보신 적이 있을 것 같아요. 그런 분들의 노력을 말할 때 쓸 수 있어요. 최근에 교수 회의에서 아주 우수한 한 학생에 대해서 이야기한 적이 있는데요, 그 학생은 숙제를 할 때면 꼭 120% 정도로 다른 학생들보다 더 많이 자세하게 과제를 해 오곤 했어요. 미국 동료들은 그 학생의 노력을 일컬어 **He goes the extra mile for his homework every time.**이라고 말했었지요.

MP3

다양한 예문으로 오늘의 표현을 확인해 보세요.

- My friend goes the extra mile when he practices his tennis.
  내 친구는 테니스 연습을 할 때 한층 더 노력한다.
- To go ahead, we need to go the extra mile every time!
  앞서 나가려면, 매번 우리는 더 노력해야 합니다!
- Going the extra mile will give you a good reward later.
  더 노력하는 것은 나중에 당신에게 좋은 보상을 줄 거예요.

대화를 하면서 오늘의 표현을 활용해 보세요.

대화문 1

A I'm struggling with my English studies.
영어 공부가 잘 안돼서 고생하고 있어요.
Any advice?
혹시 조언을 줄 수 있어요?

B Yes, my tip is to go the extra mile.
네, 제 조언은 한층 더 노력하는 거예요.
Spend more time practicing and using it in your daily life.
연습하고 일상에서 사용하는 데에 시간을 좀 더 써보세요.

대화문 2

A Wow, your English is perfect!
와, 영어 실력이 완벽하네요!
How did you improve?
어떻게 이렇게 향상시켰어요?

B Thanks.
고마워요.
I always go the extra mile by practicing speaking 5 more times.
언제나 발음을 5번 더 말해보면서 연습하고 있어요.

bonus tip

어떤 일을 할 때 필요한 것보다 조금 더 큰 정성이나 노력을 기울이고 싶을 때, I'll go the extra mile for this project.라고 말하면서 이 표현을 사용해 보면 어떨까요?

에필로그

"와~ 인생영어 101개를 다 보신 여러분 축하합니다!"

이 에필로그를 보시고 계시다면 이제 다음 단계를 소개해 드립니다!

지금 바로, 이 책을 여러분이 하루 중에 자주 앉아서 일을 보거나 공부하는 장소 근처에 손을 뻗으면 닿는 곳에 두시기 바랍니다. 그리고 일을 하시다가 머리가 아프거나, 멍해지거나, 동기부여가 필요하거나 할 때, 이 인생영어를 다시 집어서 영어 학습과 동기에 대한 에너지를 얻어 가시길 바라요.

요즘 유튜브나 인스타그램 같은 SNS를 보면 유익한 자료도 많지만, 오락성 자료가 많아서 스크롤 하다 보면 한두 시간이 훌쩍 지나가는 것을 모두 느껴보셨을 것 같아요. 그럴 때 이 인생영어 책을 잠깐이라도 기억해 주시고 표현 1개를 찾아서 2분만 읽고 소리 내어 읽어 보시고 다시 진취적 에너지를 얻으실 수 있다면 좋겠습니다.

예를 들어, 41번째 표현인 pay it forward를 보시면서 나를 이때까지 도와준 동료, 가족, 친구들, 후원자들에 대한 감사를 기억해 보면 어떨까요? 혹은 43번째 표현인 hang in there을 보시면서 아무리 힘들어도 포기하지 않고 버티는 동기를 다시 일깨워도 좋을 것 같아요.

각 표현마다 홈페이지에서 무료로 제공되는 실천 페이지에 연습도 하시고, 동그라미도 쳐보시고, 아침에 처음 만나는 친구들이나 가족들에게 공부한 표현을 하나씩 가르쳐 줘 보세요.

"아 영어 공부해야 되는데..."라고 마음 한켠에서 외치고 있는 여러분의 자아의 목소리에 작게나마 답하는 나를 발견하시고, 나아가 그 작은 행동이 마치 강물에 큰 파장을 주는 작은 조약돌처럼 여러분의 영어 학습 동기와 긍정적인 삶을 살아가는 데에 좋고 큰 파장을 줄 것이라고 확신합니다.

성공학을 공부하고 강연하는 여러 유명 인사들은 공통적으로 말합니다.
Be surrounded by good and ambitious people. "좋은 사람들과 진취적인 사람들을 주변에 두세요"라고 말이에요.

이 인생영어 책의 진취적인 메시지와 마음이 여러분의 주변을 긍정적으로 만들고, 여러분과 주변 분들에게 진취적인 메시지를 줄 거예요.

항상 여러분의 영어 학습과 성장을 진심으로 응원합니다!

T. John Kim 드림.

미국 사람들이 평생 써먹는

인생 영어